U0070088

THE METHOD OF LIFE

只有挫敗者，才總覺得別人刺眼！

「人生不是「努力」而已，
透過「選擇」讓自己更有價值」

作者——霧滿攔江

目錄

CHAPTER 1 顛覆思維

CHAPTER 2 高效做事

CONTENTS

CHAPTER 1
顛覆思維

你只是看起來很聰明

01

讓我們拋開正常的道德評判標準想一想：此前三十年，在哪個領域，創新意識最強烈，創新力量最強？我說的是創新。回答這個問題，只需要一點點邏輯能力。先要問問自己：促使一個人創新的最強勢力量是什麼？

是生命中熊熊燃燒的使命感嗎？可能有這個因素，但是從經濟學的角度上考量，最能引發一個人原始動力的，就是付出最低成本就能獲得最多的性價比。意思是付出一點點，就能撈到盆滿缽滿。有了這個前提，我們就可以講幾個有趣的故事。

02

幾年前，書畫二手市場忽然熱絡起來。許多朋友就算沒多少存款，也要殺入這個市場，希望能在市場上尋找那被遺漏的珍寶，以期獲得扭轉命運的契機。

那時在電視新聞裡會看到：「某位民眾逛展覽時，看到一幅仿名家的作品，標價只有幾千元，他雖然知道不是真跡，但非常喜歡，仍然斥資買下。」

因為喜歡才會任性，沒有什麼理由。買回家之後，請幾個專業人士鑒定一下，只見專業人士的眼睛霎時間睜成牛眼大說：「不得了，這絕非仿作，而是一幅真品！」本以為買回來一幅贗品，不料竟是真品。真品若出手，賣個幾十萬、幾百萬甚至上千萬，也很尋常，這就叫挖寶。這樣的消息多了，市井小民彷彿看到了人生的希望。於是，大家紛紛殺入書畫的二手市場，渴望能碰到這樣一個機會。但是，他們卻碰不到，永遠都碰不到。他們不知道，茫茫的贗品市場裡，出現真品的機率有多低！這背後是否又有人故意炒作呢？

03

分享一個故事，一名商人在私人聚會場合上，見到一位掌控政府資源的主管人物，請求對方：「能不能幫幫我們公司，讓我們能拿到某個標案……」主管微笑說：「我不隨便幫人家的。」商人聽了欣喜：「這有張信用卡，卡的額度有……」主管回說：「抱歉，我不收人家的錢。」商人：「……呃？」

主管說：「我是一個有潔癖的人，最厭惡商場上的骯髒交易。我追求的是精神世界的心靈享受，鍾情於山水書畫，你懂嗎？」商人：「這樣啊……我懂了。」於是，商人到處尋問，花重金買來一幅符合主管品味的名家畫作，再搞了個書畫展覽，把這幅畫作打上仿作的標籤，開出一個低低的售價，然後請對方來觀看這幅名畫，而且只打算賣給這位主管，如果有其他人想買，就會說已經售出了……

主管來了，花一點點小錢，買下這幅畫作，回去找幾個專家，確證實際上是一幅真跡。消息傳開，人人羨慕這位幸運的書畫愛好者。而主管將名畫託付給拍賣公司，再由商人斥鉅資購回。於是，一大筆錢就這樣於大眾的眼皮下合情合理地轉移了。你不能因為人家有個公務員身份，就不讓人家投資和欣賞名畫，不讓人家割愛出讓，是吧？

一切就發生在大眾的視線中。這是不是創新?當然是,雖然它是一種見不得光的創新。

04

有些人對建商這個行業的印象不是太好,可能是建商太有錢了吧。大家看到建商不講信用,遭到懲罰時,都會暗自心喜。

比如說,有則新聞報導,一家建商把一幢標價三百萬元的公寓出售給客戶,也收了十萬元訂金。但是萬萬沒想到,奸詐的建商在收了人家的訂金後,又把房子轉手賣給了另一家。

先交了訂金的客戶大怒,告到法院去,法官也懲罰了建商的違法行為,當即法槌一敲:「建商罔顧信義,不講誠信,必須給予嚴懲。」建商嚇壞了,央求庭外和解,承諾予以雙倍原房價的賠償,客戶得到六百萬元,多少彌補了一點精神損失與心靈痛苦,這場官司於此告結。許多朋友看到這判決都興奮地說:「早就該有人出來,給這些奸詐的建商一個教訓了,誰叫他們房價炒得這麼高……」但大家不知道這個故事的背後,可能還有個故事。

05

雙倍賠償金的事件發生之前，出現了一個故事。建商在一個私人場合見到一位重要的大地主，請求道：「能不能把最搶手的那塊地賣給我呢？」大地主：「當然可以，反正賣給誰都一樣，你說是不是？」建商：「對對對……」大地主：「可是你需要給我一個理由。」建商：「理由當然有，六百萬元的佣金，如何？」大地主：「OK。」建商：「我立即拿錢給你……」大地主：「等等，我是個光明磊落之人，你必須在大庭廣眾之下，以法律的名義，名正言順地把錢給我。」建商：「呃，這樣做好嗎？」大地主：「君子愛財，取之以道。我厭惡幕後交易，我很愛護名譽。」建商：「那這事……好吧。」於是，建商秘密安排，先收十萬元訂金，把一間房預售給對方的親戚；而後，再將同一間房賣給第三者。於是親戚向法院起訴，指控建商違約。法庭上，建商請求和解，承諾賠付雙倍房價。於是，六百萬元的款項就在眾人的關注下，在法律的嚴格要求下，順順利利地進入大地主的私囊中。這是不是創新？當然也是，雖然它是一種讓大眾氣得跳腳的創新。

06

創新這種事，更類似在一間黑屋子裡捉一隻黑貓。不要讓自己淪為那隻總被人戲弄的貓，你要成為那個捉貓的人。要讓自己成為一個真正有智慧的人，而不是看起來精明，實則蠢到夜夜痛哭的人。這兩個故事中，真正的黑貓在哪裡？在這個特定領域裡，最低成本的付出與數額巨大的收益，構成了空前的利益誘導。如果說創新也有性價比，再沒有比這個領域的性價比更高的。在其他任何一個領域或行業，創新都意味著空前慘烈的付出，而且收益還不確定。在這個領域裡，最突出地呈現了什麼叫創新、如何創新，創新的思維又是什麼？

07

這兩個故事中的創新，當然是我們應該大力批判的，但作為負面教材，還是值得參考的，它們有著相同的思維模式。

第一，現實面前的絕對冷靜，無情緒干擾。

之前新聞多次報導，入獄的公務人員在反省自我認知時，都說自己是一時的貪欲，讓他們喪失了判斷能力。淪為情緒的俘虜，智力就會陷入泥沼，所以，人類是天生具有創新能力的物種，但情緒是智慧的大敵。要想獲得足夠的智慧，就必須克制情緒，保持頭腦冷靜。

第二，清除限制，無論這個限制是什麼。

有些限制是千真萬確的，但更多時候，是人們自我想法的固化。只要有絲毫的限制存在，思維就會受到抑制。摒棄限制，大腦才會進入敏銳的思維狀態，才有可能進行下一步。

第三，克制情緒、取消限制後，再對問題進行重新定義。

我們可以想像一下前述當事人的想法：當他們看到錢時，眼睛一亮，腦子一熱，然後迅速恢復冷靜，於此完成第一步。第二步，取消非經濟學限制，單純地將問題視為經濟行為。第三步，重新定義。請問現實中，金錢有幾種轉移方式？無非是兩種：一是交易，二是贈送或賠償。可以看到，第一個當事人採用了第一種方法，第二個當事人則採用了第二種方法。但在這裡特別重點說明，如果有誰看到這篇文章也想學，那就死定了。

因為現實環境中，這兩個漏洞根本不存在。所謂漏洞或是障礙，都只在你的腦子裡。

上面這兩個故事中的創新，顯然是用在了歪路上，不值得提倡。現在，我們把這個思維方法轉向正常人所在的領域。

08

舉個例子，測試一下創新思維的應用。美國芝加哥的海德公園附近，住著一個叫歐巴馬的美國青年，後來他當上了總統，大家都知道。話說歐巴馬可以當到總統，可把他的鄰居老比爾樂暈了。老比爾說：「上帝啊，你果然沒有拋棄我，我發財的日子終於到了。」我要把房子賣掉，換成厚厚的美元，享受一下生活。於是，老比爾建立了一個網站，開價三百萬美元想賣掉自己的房子。

他在網站上熱情地宣傳：「住總統隔壁，超值享受，你值得擁有。三百萬，只需要三百萬，你就可以和總統吵架，吃第一夫人親手做的蛋糕。只有一間，數量有限，欲購從速。」

在熱情的兜售下，數萬美國人蜂擁至老比爾的網站。可是，他們並沒有開價，而是紛紛留言吐槽：「這幢房子四周都是保護總統的監視器，隱私徹底暴露。沒有隱私就沒有自由。還有聯邦特勤，帶著手槍哨著漢堡，在房子周圍日夜巡邏，這地方根本不是人住的！另外還有狗仔記者，誰會買誰的腦袋進水。」

老比爾傻眼了，這始料未及的事，讓他倍感沮喪。他的房子，整整一年乏人問津。那麼你能不能運用前述的創新思維三部曲，幫幫可憐的老比爾，把這間房子賣掉呢？

創新思維三部曲：第一步，克制情緒；第二步，取消限制；第三步，重新定義。那麼第一步要克制情緒。這對我們來說很容易，畢竟我們不是老比爾，房子賣掉或沒賣掉，不關我們的事。所以，這一步可以輕鬆上手。第二步，取消限制。這間房子的限制是什麼？是居住！房子是用來居住的，居住是房子的限制條件，必須取消這個限制，只是出售一幢建築物而已。第三步，重新定義。取消了居住的限制，這幢房子就可以定義為：一幢保安措施森嚴到位、全天二十四小時監視無死角的建築物。它最適合用來做什麼呢？

09

老比爾的房子，出售資訊在網上掛了一年，也沒人來買。一年後，來了個黑人青年丹尼爾。他說，他超級崇拜歐巴馬，因此他要買下這間房子，但是他沒什麼錢！他要求房子降價，並分期付款。老比爾考慮之後，認為這可能是房子脫手的唯一機會，就不得已的答應了丹尼爾的條件，大幅降價地把房子賣掉了。過了一段時間，老比爾故地重遊，來看看自己賣掉的房子目前如何了。看到時讓他大吃一驚。老比爾看到，丹尼爾竟然把買下來的房子改造成了……幼稚園！我的天啊，一幢保全措施森嚴到位、全天二十四小時監視無死角、聯邦特勤出沒的環境，不是正適合做幼稚園嗎？

相較於現實想法固化的一切，唯有打破限制才是最有價值的。

永遠牢記這三個讓我們終身受益的智慧法則——**克制情緒、無視限制、重新定義，我們就會獲得高價值、富創意的人生。**

如果你現在正面對什麼難題，可以試試這個方法。哪怕是笨拙的嘗試，也勝過消極的悲憤與怨懟。

決定你一生的不是努力，而是選擇

01

有一次，我參加一個活動，聽了一場講座，忽然想到了一個問題：如果現在給你一個機會，讓你回到過去的一九九六年。那時候有個叫馬雲的業務員，前一年剛創建中國黃頁[1]，拎著公事包掃街跑業務，但他的業績卻很差，客戶雖然很客氣卻非常堅絕的拒絕了他……現在給你這個機會，讓你穿越時空回到過去，遇到正蹲在路邊滿臉苦悶的馬雲，你打算跟他說什麼？

你聽到一定會無法置信的問我：「你是說二十多年前的馬雲嗎？如果我那時遇到了他，鐵定天天請他吃大餐，跟他套交情的啊。我要讓他哭著抱著我說：『哥，這世上只有你懂我。』

這樣，我就會成為最幸運的中國合夥人，搭上馬雲這班春天的地鐵，開往快樂的土豪之鄉。」

我相信你多半會這麼說或這麼想。

但現實中，如果有人在那個時候邂逅了馬雲，非但不會請他吃大餐，還會朝他屁股猛踹一腳，因為你不能保證別人的想法和你一樣。

02

還有一次，我參加團建寶主辦的中國團建產業峰會，多名優秀人士登台發言。讓我印象最深刻的是豐厚資本創始人楊守彬先生——他同時也是黑馬會[2]副會長、黑馬投資學院院長。

---

1 中國第一家真正意義上的商業網站，創建於一九九五年五月。——編者註

2 創業者互助團體。——編者注

簡述楊先生談話的大致內容：

企業大致可分為三類，第一類是規規矩矩做生意的。這類企業遵循的是牛頓運動定律，謹守本業、老老實實，做到最大也不過是十億美元的規模。這類企業的特點是可以判斷，可以準確預期，充滿了確定性。

第二類企業是做平台的。平台的概念就大了，比如滴滴打車（現更名為滴滴出行），這類企業日收入幾億元不嫌多，約一百億美元的規模。這類企業的特點是既穩健又充滿了機會，屬於「雙基因企業」，是投資的最佳選擇。

第三類企業則是做生態的。楊先生說，目前中國只有兩家企業是標準的生態企業，即騰訊和阿里，另有幾家正在加入這個生態俱樂部。生態型企業掌控著時代的發展，做到千億美元級別，亦屬常理。

為了解釋前兩類企業的區別，楊先生特意舉了一家在美國上市的IT（資訊技術）公司的例子。

這家公司上市時，是一家平台企業，股價直線飆升。但好景不常，手機時代來臨，多數電信業者是封閉的，這家企業無法融入，悲哀地從平台型企業淪落為一個簡單工具，導致股價驟降。於是，這家企業宣稱要做手機，渴望找回平台時代的榮光。

投資者要投資的，是兼具第二類和第三類特點的企業，既遵循牛頓運動定律的穩步增長法則，又充滿量子力學般不確定的機會。

聽了楊先生的談話，我第一時間想到了馬雲，想到了是什麼類型的人，才會打造出這三種不同類型的企業。楊先生在當晚的另一個講座上談到這個問題。

03

楊先生在一個投資人、創業者的線上講座——「黑馬晚八點」上發表他的第二則談話——投資的五大秘笈。主要是講述他的投資生涯。

楊先生列舉了五種類型的創始人：

第一種是仰望星空型，這類人有比較清晰的使命和願景，帶著信仰創業，他們是有夢想的人，有情懷的人。

第二種是腳踏實地型，這類人沒那麼多情懷廢話，就是全心全意栽在產品和服務上，一點點地打造出理想商品。

第三種是青黃不接型，缺乏實際能力，這裡試試、那裡試試，最後沒有一個成功就掛掉了。

第四種是生意型，沒什麼前瞻性，也沒什麼創意，呆頭呆腦地做生意。

第五種是極客型，這類人屬於技術狂熱愛好者，不知道用戶是什麼，也不知道市場是什麼，只是關起門來自己high。

最受追捧的是第一種和第二種的組合，不乏情懷又腳踏實地，稱為「雌雄同體」，大概是能夠自我繁殖，具有生動創造力的意思。

現在我們的問題是，假設楊先生所說的「雌雄同體」的怪物就在你身邊，你能夠認出他嗎？或者，你能夠認出身邊的馬雲嗎？

04

其實，我們每個人都是投資者。

人類是群居物種，年輕時在周邊尋找事業及婚姻夥伴。是這個選擇決定了你的一生，而不是你的努力。

若你在二十年前看到滿臉落寞、被掃地出門的業務員馬雲，你是否具有在茫茫人海中辨認出他的能力？

現在也一樣，你選擇的朋友，選擇的伴侶，他們也許與你一生同行。如果你選擇了馬雲這種類型的愛人或朋友，又或是選擇了楊先生所說的「雌雄同體」、具有強大創造力與事業心的同行者，這當然是你獨具慧眼。

但問題是，你的心智是否成熟到能接受這種具挑戰性的人生？

05

有一個朋友，曾跟我分享過一個故事：

她在北京認識一個同鄉，一家私人企業的董事長，低調而沉穩，企業也做得有聲有色。這位老總，是在妻子主動離婚後才創業的。在鄉下，我朋友偶遇老總前妻，閒聊時感覺到，她絲毫不知道前夫在北京的事業有多大，談起他時滿臉鄙夷。我朋友就問她：「當初你為何要離婚呢？」

她撇了撇嘴碎唸：「太假了，受不了……然後嘰哩呱啦地說了對方一大堆問題。

我朋友說，她聽著對方叨唸，心裡卻納悶，對方控訴的，其實是前夫性情溫和、禮貌周到，但在對方眼裡，這一切太虛偽，不如像她這樣直爽些更好。

我朋友繞著彎說：「聽人說，他在北京混得不錯……」「吹牛吧。」對方撇撇嘴：「反正吹牛也不犯法。哼，也不照照鏡子，他有這個好命嗎？」

我朋友說，這個女人找了個萬裡選一的好男人，溫柔體貼又富事業心，睿智自尊又有責任感，她卻嫌棄丈夫，說丈夫是「夜用加長衛生棉」——特惠（會）裝。離異後，她找了個粗魯男人在一起，對方動不動就會打人，但她樂在其中、甘之如飴，感覺這才是真實的生活。

06

有一次在粵西，我搭了一個老闆的車，經過一個小鎮。老闆繞城而過，他說：「這裡住著一個人，他傷了我，我發誓這輩子不和他在同一個地方呼吸。」

老闆最初的事業就是從這座小城開始的，和一個朋友住在租來的小房子，每天暢談事業理想，每次一聊就到半夜。越談越熱血沸騰，於是就決定自己創業了。

倪是萬萬沒想到，到了開幕的那天，合夥人卻失蹤了。老闆一個人應付不來，搞得狼狽不堪，一敗塗地。

驚詫的老闆到處尋找他的合作夥伴，找了大半個月，才見夥伴帶著一個女孩滿臉喜氣地回來。原來他認識了一個女孩，結伴旅遊去了。老闆憤憤地說：「其實，他是故意的，他知道我們當時肯定能成功，但是他的能力和我比差得遠了。所以，他就是不希望我成功，也因此我付出了更多的努力，晚了兩年業績才有起色。從那以後，我們就再也不聯繫、不來往。我發過誓，這輩子，絕不再接近他身邊半步。」

我聽了以後，倒沒什麼感覺。我身邊的許多朋友，都曾遇到類似的事情。於是，我充滿好奇地問老闆：「他現在怎麼樣？」

「不清楚，去年聽人說，好像在倉庫當倉管。」老闆假裝不在意地說，但卻感覺到他有些竊喜。

07

在深圳時，還聽說過一件舊事。有一位大哥，經商之初遇到騙子，當時還有大哥的一個老友。老友認識騙子，清楚他的底細，照理說應該提醒自己的朋友，可是老友一聲不吭，冷眼旁觀看著那位朋友被別人欺騙。

那次騙局，差點讓那位大哥跌到谷底。從此，大哥與他朋友再無往來。

我要說的是，人生充滿了不確定性。決定人生最終選擇的，是在潛意識深處的人生觀。這世上不乏回頭浪子，任何把人用類型固化的做法，都是蠢不可及的。

但，就概率而言，就人生價值取向而言，對人的分類，仍不失統計學上的意義。

正如投資者在尋找開拓型創業者，我們每個人也是依據自己的價值取向，在人生中選擇與自己興趣相投的友人和伴侶。過程中，我們會不由自主地將人分門別類。

08

並不是每個成功人士生下來，頭上就貼著「有錢人」三個字，但在我們人生成長過程中，從青澀少年進入成熟期後，每個人的價值取向確有差異。

有些人始終是熱血飛揚的理想主義者，他們會傾注一生追尋一個遙不可及的目標，意志堅韌、百折不撓。這類人必然會做點什麼，是楊先生所說的仰望星空型。

型。

第二種人富責任意識，踏實肯吃苦，如一頭努力耕種的牛，這是楊先生說的腳踏實地型。

第三種人就有點長歪了，捨不得花力氣付出，陷入了誤以為自己智商高的錯覺，他們與情懷型人士的區別是，其事業前景是令人擔憂的。

第四種人看起來好像第二種人，但他們更保守、更缺乏事業心。這些人的普遍特點是其能力有待提升。

最後一種是低情商的人。比如，以前美國的菲奇先生，他是世界上第一個發明蒸汽輪船的人。可是他的情商不夠，那麼富有前瞻性的項目，但他找不到銀行可以融資，最後耗費自己所有的家當還未成功，最後憤而投水自殺了。而另一個人是畫家富爾敦，個性八面玲瓏。他去英國學繪畫，認識了瓦特，又重新執行蒸汽輪船的項目。結果現在的歷史書上白紙黑字地寫著，汽船的發明人是高情商的富爾敦。總之，你情商不夠高，歷史根本不承認你。

這五種價值取向的類型，第一種是創造型或開拓型，第二種是穩健型，第四種是追隨型，第三種需要提升智商，第五種需要提升情商。後兩者，也包括了智商、情商都需要提升的人士。

我說過了，這個分類只在統計學上才有意義。但它恰好可以用來指引人生。比如你渴望與第一種類型的人士為友，那麼你就會欣賞這類人，認識三、五個人，慢慢觀察之後，若發現其中有幾個不太值得學習，貌似是開拓型，實際是虛有其表，而另外幾個原本認為不可靠的，卻越看越有能力。就這樣去蕪存菁，最終，你就會成為這類人士的同行者或友人。

是你的選擇，決定了你事業的品質，而不是你的努力。

09

如果你嘴上說想跟隨二十多年前的馬雲，渴望成為他的夥伴，但內心並不信奉開拓型的價值人生，那麼縱然給你機會，讓你回到二十多年前，看到滿臉疲憊的馬雲，你也許會衝過去罵他：「有什麼辛苦的?這點苦也不能忍嗎?」

人各有志，假如這世上只有一種價值觀，只有一種人生，那才是最恐怖的事。有些人堅信「未經審視的人生不值得過」，有些人則認為喝個小酒、穿著拖鞋、露著肚皮，靠在家門口的躺椅上看美女，才是真正的幸福人生。

不同的人生，並沒有高低之分。你做出選擇，就得到眼前的結果。某種程度上，坦然接受自己選擇的人生是理性的。但如果，你厭憎開拓型人士，卻渴望搭乘人家便利的快車，這也是人之常情，無可厚非。

你的人生，取決於你的選擇。如果不滿意現狀，那就必須審視自我的人生觀。努力讓自己成為所希望的人，才會做出更理想的選擇。

太乖的孩子沒有未來

01

有家醫院的女院長生了一對龍鳳胎，女孩叫婷婷，男孩叫胖胖。婷婷和胖胖，漂亮又可愛。婷婷和胖胖長大了，性格完全不一樣。婷婷膽大，胖胖膽小；婷婷好動，胖胖文靜。婷婷愛說話，嘴巴甜得哄死人不償命；胖胖嘴笨，老實又害羞，見人就臉紅。中學時，兩個孩子的性格反差更加明顯。婷婷的膽子越來越大，翹課、抽煙、喝酒，根本不像個女孩。胖胖膽子更小了，他喜歡躲在房間裡，一個人寫毛筆字。當時女院長一看，這兩個孩子也差太多了。胖胖還好，婷婷再這樣下去，遲早會出事，必須把婷婷送走，讓她脫離原來的環境，以免被朋友帶壞，女院長就把婷婷送到了鄉下老家。

送走婷婷，恰好書法協會的秘書長家人生病住院了，醫院病床緊缺，秘書長來找女院長幫忙。女院長就請秘書長給胖胖介紹個書法老師，胖胖就天天去老師那裡，一股腦地專心練書法。

02

幾年過去，中學還沒畢業的胖胖學有所成，成為當地非常有名的「書法天才」。他的作品，堪稱一字難求。女院長鬆了口氣，胖胖的問題也算解決了。少年書法家，字又寫得好，將來成家立業不成問題。倒是婷婷，送到鄉下許久，也該讓她回來參加高考了。於是婷婷被接回來參加高考，她只參加了一場考試，就不肯去了。她說：「哪個神經病出的考題啊？真他X有夠難！」女院長氣得快要吐血，大罵：「女孩子出口成髒，也不知道丟臉！你知不知道，現在你弟弟的一幅字，值好幾萬！」婷婷說：「少來，你馬上要退休了，還不快點把我安排進醫院，當個護士長什麼的，我的要求也不高。」女院長說：「憑你這角色，能當得了護士長？你最多當個清潔工。」婷婷說：「清潔工就清潔工，我也一樣幹。」你、你、你……女院長氣憤之下，真的把婷婷安排進醫院，做了一名清潔工。這麼做，其實只是賭氣，教訓一下不成材的女兒。但沒想到的是，當月醫院發生了一起醫療事故，女院長為了負責，被迫提前退休職位。婷婷這個清潔工，就更沒有希望調職了。

03

女院長退休之後，又連病了兩場，在醫院裡也沒什麼影響力了。婷婷終於意識到危機，她有可能這輩子都要掃垃圾了，怎麼辦呢？婷婷開始思考，她發現，不管你在社會上有多大的權力或是不管多富有，一旦到了醫院，全都要聽醫生安排。醫院裡最有權力的就是醫生們，其中有幾位主任醫生都是從小看著她長大的，小時候最喜歡抱她。雖然她現在成了清潔工，但醫生們還是很喜歡她。

婷婷想到方法了，沒事的她就到掛號櫃台前，遇到來醫院的患者，她就走過去，跟對方聊幾句，了解對方的背景。對方聽說她有關係，可以幫忙找到專門的權威醫生看診，頓時充滿希望。透過婷婷介紹的患者，第一時間就得到了診治。因此前來找婷婷幫忙的人越來越多，許多都是大公司的老闆。加上婷婷長得漂亮又會說話，還會幫忙患者，很快就成了當地的話題人物。

她雖然還是個清潔工，但已經在醫院外圍開了幾家藥局，她在醫院的影響力也與日俱增。新來的年輕醫生，遇到一些事還得求她幫忙。就這樣，婷婷成了地下院長，有幾次連院長都擺不平的事，婷婷一句話，事情就風吹雲散。

對許多偏遠地區的人來說，醫療資源匱乏，最痛苦的事情之一就是看病。像婷婷這樣的人，每個地方多少都有。這種人做事圓滑富手腕，成了這個時代的特殊階層。沒有人知道婷婷賺了多少錢，但她買了幢小別墅，把母親接到家裡來住。退休的女院長住進女兒的小別墅，頓時淚流滿面。幫幫你弟弟吧，她說，胖胖這孩子……這麼不爭氣，該怎麼是好？

04

婷婷剛從鄉下回來時，胖胖的一幅字已經能賣出幾萬元的價錢。但猶如一夜寒風來，胖胖的字不值錢了，都賣不出去了，就算送人也沒人想要。這一夜，就是女院長退休的那一夜。好多年過去了，胖胖依然無法接受現實，當初別人不惜花數萬元搶他一幅字，並非因為他的字好，而是因為他媽媽是醫院院長。當初他被譽為「天才書法家」，並非實至名歸，只是那些人希望自己能夠在醫院裡得到一個床位。既然他媽媽已經退休了，誰還會花幾萬元買張鬼畫符？

書法協會的種種活動，再也沒人通知胖胖參加了，那個掛名的秘書長，就在他母親退休的當月被換掉了。胖胖還是那個個性，沒人來買他的字畫，他就賭氣地在家裡等，他就不信自己一無是處，不信買他字畫的人都是因為他媽媽的關係。他這一等就是好幾年，坐吃山空，一點收入也沒有。他的個性就更孤僻了，已經無法跟人交流和溝通了。他心中有氣、有怨恨，又只能憋在心裡，因此臉色總是難看，也生病了。他的字越寫越糟，當初的老師已經不肯承認他是自己的弟子。寫字練的是氣，需要心平氣和。胖胖心裡苦悶，可是他說不出口也不想認輸，這導致他原本就不精湛的書法功力一天不如一天。

05

在朋友告訴我這個故事的時候，胖胖已經被送去看心理醫生了。而婷婷卻每天開著名貴的跑車，打扮時尚又貴氣地與各名人交流。這姐弟倆的際遇，與所有人的預想完全相反。大家都以為婷婷這孩子完了，一個漂亮的小女孩，不肯腳踏實地。她也的確沒有，但並未如我們所猜想的那樣，這一生就此毀棄。相反地，大家都看好的胖胖，卻成了個悲劇。告訴我這個故事的朋友說：「你看啊，婷婷投機取巧，胖胖穩重實在，但最後他們的情況怎麼會這樣？」

我的回答是：「這樣就對了。」婷婷和胖胖這兩種類型的孩子，在我們的生活中處處可見。胖胖是「乖孩子」，聽話、老實、膽小、怕事，從不給別人添麻煩。

如果孩子個性像「胖胖」，父母似乎也比較放心。唯一的麻煩是，這類乖孩子往往是現實中的失敗者。反倒是婷婷這類孩子，長大後的適應能力極強。為什麼「乖孩子」會淪為失敗者呢？這是因為在社會裡較量的，並非是老實的能力，而是合作的能力。

只有當潮水退下，才知道誰沒有穿短褲。只有當女院長失去影響力時，胖胖真實的社會價值才表現出來。他的字並非慘不忍睹，但還不具有真正的市場價值。不具有市場價值的字，不見得就一定賣不掉，但這需要更多的能力。

而婷婷人際交往的能力，正是胖胖這種類型的乖孩子所不具備的，因為他們只懂得乖。

06

世事洞明，到底是學問還是糟粕？人情練達，究竟是垃圾還是文章？

就如同前面所說的蒸汽船發明故事。最後菲奇被逼得走投無路，撲通一聲，投河自盡了。有一年，美國有個畫家富爾敦，去英國學習繪畫。這傢伙到了英國之後不畫畫，反而跟發明家瓦特等人混在一起，把蒸汽輪船發揚光大了。

相比首位發明家菲奇，富爾敦擅長拉關係、套交情，他輕易地為自己的發明找到了贊助，終於把蒸汽船的應用推廣開來。到現在，歷史課本上寫著「蒸汽船的發明者是富爾敦」。不擅長人際交往的菲奇，歷史課本上根本不存在。你不懂人情世故，連課本都不承認你，你說人情世故是糟粕嗎？

07

人際溝通的能力，說白了就是與人合作的能力。

一個人在這世界上獨來獨往、不與他人合作，是創造不出什麼好成績的。你就算再有本事，但一樣本事大的菲奇都投河自盡了，你要是能力還不如他，就一定要學會與人合作。

要與人合作，**第一，必須認可他人的價值**。只有認可他人，才能正確地評估自己。

第二，必須學會體諒別人的心理。你理性時別人未必理性，你有智慧時別人未必有智慧，只有體諒對方的心情，才能讓合作者打開心結，讓你的價值最大限度地發揮出來。

第三，要學會控制自己和他人的情緒。人類是非常聰明的，但又是極端情緒化的。常常轉念就在一念之間，既要讓對方無怨無悔地付出，又要避免對方產生負面情緒。這就需要你用心體會，不可以賭氣任性。

第四，技巧性的溝通技巧是合作的根本。別人永遠不知道你心裡在想什麼，但對你的話語特別敏感。說話時，要考慮人性自我的特點，要以對方為主體。比如你說：「我解釋的有清楚嗎？」這句話對方聽起來就能接受。但如果你說：「我說的你聽不懂嗎？」這句話聽起來多少就有點不舒服。當話不入耳，人就會鬧情緒。不要激起無謂的情緒，我們必須注意每個小細節。

第五，與人合作，也就是與人性合作。人性變幻莫測，但本質永恆不變，總是希望能表現聰明有智慧的一面。要懂得給別人表現的機會，才有可能為自己贏得獲利空間。你永遠也不知道自己的下一個機會在哪裡，保持低調、保持謙虛、保持微笑，才會在別人的心中為你自己贏得空間。

人類是群居動物，而群居就意味著退讓，在保持自我的同時包容別人，是自古以來所有智者的告誡。任何時候，你克服不了自我人性的缺陷，就意味著機會的流失。

最後，社會不是幼稚園，乖巧或聽話絕不應該成為衡量孩子優秀與否的標準。而成年人在社會上應學會的功課是，**你願意接受別人，也能夠讓別人接受你，這才是最重要的。**

知道那麼多道理，為何你還過得不好？

01

韓寒導演了一部電影《後會無期》，影片中有個女孩，叫蘇米。

蘇米善良又聰明，是一個溫柔的女孩。不幸的是，蘇米卻被犯罪集團的人控制著，這夥人利用她來仙人跳、陷害別人，當然也嚴重傷害了她。

在影片中，蘇米有一句經典台詞：「從小聽了很多大道理，但我依舊過不好我的生活。」這句台詞立馬紅了，許多人都深有同感，這句話深刻地反映出自己的內心。為什麼我們知道了那麼多道理，卻還是過不好自己的人生，這到底是為什麼？

02

先來看個公式：E=mc2。這個公式，很少有人不知道，是愛因斯坦質能方程。原子彈這類殺人武器，就是因為有這麼個公式，才能被製造出來。除此之外，我們還知道些什麼呢？

我們就是看到書本上有這個公式，但是前因後果或由來原理，大家卻是一臉懵懂。所以我們從不敢聲稱自己是核子物理專家，我們知道了那麼多數學公式、物理公式、化學方程式，為什麼仍成不了數學家、物理學家或化學家？為什麼？

03

每年都有孩子高中考試不理想，可是他們之中，沒有一個這樣說：「我知道所有國中的數學公式，為什麼做不好數學題？」

大家應該都心裡清楚，知道公式與掌握解題方法還有距離。如果有誰認為自己瞄了一眼數學公式，就能與數學家相提並論，那麼自己應該腦袋進水了。

數學公式只是精簡的數學原理，但人世間的道理，無一不是從現實生活中抽象出來的人生公式。

其實看似聽起來簡單也都看得懂，但於現實生活中應用，遠比解開一道抽象的數學題更難。再厲害的學霸，也不會因為數學公式記得牢、數學題解得出來，而覺得自己是數學家吧？僅憑聽說或看到的幾個人生道理，就認為自己是人生大師，為自己不順遂的人生感到困惑和詫異，豈不是很奇怪嗎？

只有學而沒有習，只有知而沒有行，只聽人說道理，卻沒有絲毫的實踐，這就如同在數學課上，兩眼直瞪瞪地盯著公式，卻不肯練習做題目。這樣的人生，你怎麼會交出好的答案卷？又憑什麼想要得高分？

04

人雖然不是萬物之靈，但每個人來到這世界上，都是獨一無二的，都是有其獨特價值的。這價值是什麼？取決於每個人的奮鬥與尋找。

人生的價值，取決於你有價值的生命實踐，取決於你有意義的生活。但許多人，活在一種悲涼的無意義狀態中。這種價值的喪失，就是人生的迷失。衡量一個人是否迷失，原則很簡單，就看他是否認同自己的人生價值。如果他選擇了無價值的人生，卻固執地說什麼人生大道理我全懂，我們就知道，這個人已經失去了他自己。明明沒有實踐的道理，卻胡說自己懂，這只是隨意找個藉口罷了。迷失的人生，必然是沒有目標、沒有進取心、沒有動力、沒有樂趣的。必然的人生，實在是生之無味。生之無味倒也罷了，關鍵是那很痛苦，總是感到壓力重重。

試想，你過著不屬於自己的人生，不在自己應該在的位置上，豈會沒有壓力？有樂趣的人生，必定是真正為自己而活，是真正的學而時習，是必然的知行合一。這類人會永遠充滿好奇心、求知心。他們知道，沒有被實踐的道理是沒有價值的，而人生的樂趣，就在於在生活中實行那些能夠帶來無限動感，讓人生時時散發出光與熱的簡單道理。

做自己人生的學霸，熟練地練習你人生的課題。這個過程，要從承認你不懂開始。

社會階層固化，我們有機會逆襲嗎？

01

有個朋友留言問我：「社會階層固化，經濟低迷，知識已經不能改變命運，我們讀書學習，究竟是為了什麼呢？」這個問題我喜歡。淺顯、迷茫，展現了許多孩子共同的想法。我們來問問，知識是否能改變命運呢？如果能，那麼上一代發奮讀書的高才生們，他們的孩子應該都成了富二代了。但我們知道，縱然是在激烈動盪的時代，出現逆轉人生命運的人微乎其微。而且逆襲者中，還有相當比例是不怎麼讀書的人。也許，改變命運的並不是知識，而是透過學習知識獲取的某種潛能。

02

有些人看到獵人手握雨傘指向熊，而且熊應聲而倒，就果斷認為雨傘是恐怖武器；看到學問豐富的人，得到了經濟自由，就果斷地認為，一紙文憑能夠改變命運。

但實際上，文憑只是一把傘，縱然是知識，也不過是沒上膛的槍。以為擁有一紙文憑或一點知識就能夠改變命運的人，真的是太樂觀了。

什麼叫知識？知識是對這個世界的基本認知，知只是一個點，識卻是一個縱深展開的面。知並不重要，識才重要。

人為什麼要接受教育？教育這東西，是背離人的天性的。在香港的一部老電影《三笑》中，財大氣粗的華太師，幫家裡的兩個少爺高薪請來了一位私塾先生王本立。王老師出了作業，要求他們寫篇題目為《三十而立》的文章。大少爺開口就唱：「絕子絕孫王本立，出什麼三十而立，少爺不想讀狗屁書，只想無所事事，每天帶一群人上街調戲民女而已。」人的本性，是拒絕約束的。而教育太約束人，太折磨人了。教育不只是在形式上折磨人，最讓人痛苦的，是精神上的折磨。網友們曾自發投票，有七成的人主張把數學從教育科目中剔除，學數學實在是太痛苦了，不知給多少孩子帶來了巨大的心靈痛苦。為什麼數學或其他類似的科目讓這麼多人感到痛苦？因為它會強力地改善人的大腦，這對拒絕改變的人來說，當然是痛苦的。然而事實上，正是這種痛苦，才是現代教育的最大價值。

03

教育並不能改變人的環境，但能夠改變人的思維方式。

這就是現代教育興起的原因。原生態的大腦，是不能夠適應現代文明社會的。這就需要某種手段，讓你的想法與現實靠近。理論上來說，行為只是反映大腦思考的現實結果，你想得對就會做得對。你做對了，對他人和對於自己都能創造價值，自然就風生水起，財富自然來。

教育讓我們認識到，活得幸福或是痛苦，取決於你的思維方式。

人和人是有區別的，思維方式更是天差地遠。有些人是開放式思維，遇到問題正面迎擊；有些人卻是封閉式思維，視一切問題、現狀、工作甚至無生命的物體，正在迫害自己。

同樣一個情況放在兩種類型的人面前，開放式思維的人會高度亢奮，只想問難度能不能再高點；而封閉式思維的人則認為自己遭到了殘酷、不公正的迫害，怨天尤人地抱怨、嘆息。這兩類人最終的人生成就，自然是天差地遠。

教育針對前一種人，讓開放式思維的人獲得更優化的智力結構，有更強大的能力來化解人生難題。

教育也針對後一種人，後一類人視教育為對自我自由意志的傷害與桎梏，因為他們從未從現代教育中獲得樂趣，也不認為別人有可能獲得樂趣。他們不知道自己為何不爽，只知道好的分數能夠讓他們獲得面子。於是，他們創造了一個以分數論英雄的時代，並視此為窮人家孩子借能力來公平競爭的唯一機會。

正是這種偏離了教育本質的氛圍，導致了自欺欺人之觀點的湧現。比如說：知識還能夠改變命運嗎？這就是一個最典型的自欺欺人的偽問題。

04

還記得前面說的封閉式思維嗎？封閉式思維的人只是習慣於把一切視為對自己的迫害，但這類人並不缺心眼，他們會傾注巨大的人生成本，只為營造一個語言陷阱，讓你認同他們的觀點。

但現實是，社會不公是存在的，永遠存在！受害者也不乏其人。封閉式思維的人會讓自己加入迫害行列中，成為一個自我迫害的人。

最好的教育是改善你的思維，讓你的思維優化，讓你從一個參與自我迫害的人，變成一個主宰自我命運、讓社會迫害無效的人。

05

一個大陸作家韓寒，曾講過他的一段往事，一段引人大笑的可憐經歷。韓寒說，他讀書時，有一次數學考了滿分，不料，老師在課堂上公開說：「韓寒這次的表現超出了他自己的水準，不會是作弊的吧？」當時韓寒就急了，辯解說：「功課比我好的都坐得離我遠遠的，我要抄誰的？」老師笑道：「你可以抄身邊同學的呀。」韓寒說：「可是他們的分數根本沒我高。」老師說：「那也許是你抄的時候抄錯了，結果瞎貓碰上死老鼠，反而對了，比他們分數高又有什麼稀奇？」韓寒急了：「老師，你如果不相信，就把我一個人關在教室裡，看我能不能再得高分。」老師笑說：「孩子，這些題目你已經做過了，再考你一次，得高分太正常了。」善良的老師雖然挫敗了韓寒的自我辯解，但還是給了韓寒一個機會，帶他去辦公室，讓他一個人再寫一遍試卷。

萬萬沒想到，單獨測試時，試卷上有個地方印不清楚了，韓寒看不懂，問老師：「老師，這個數字是什麼？」慘了！老師哈哈大笑：「果然是抄的，已經做過的試卷，你會記不住？」

老師對韓寒同學的作弊行為感到失望，老師打電話通知家長前來。韓爸趕來後，按照以前父母管教孩子的方式，二話不說就一腳踹過去。砰！韓寒就被踹飛了……韓寒分享的這個故事，不是為了讓大家開心，而是想說：「誰的成長不是驚心動魄的？」韓寒算什麼，為什麼就不能被冤枉？

06

教育引導我們的，不是只有知識，是一種認知能力，讓我們知道，每個人於這世上都不過是舉無輕重的存在。在你沒有價值時，是不會有人為你主持公道的，有些成年人最喜歡把自身遭受的不公轉嫁到孩子身上。

很少人願意公平地對待我們，除了教育。最好的教育會改善我們的思維，讓我們不再是悲憤，而是認識這個世界，獲得足夠的能力，除非當我們表現出自身價值的時候，否則別人不會把公正免費贈送給我們。

07

教育真正的價值，不只是讓我們獲得謀求公正的能力，更多的是賦予我們滿懷悲憫的同情心。

假設若一個人在小時候像韓寒那樣平白被冤枉，被無理毆打、被踹飛……此時的傷痛將成為一輩子化不開的結，淤積於心。當他長大，就能夠設身處地的，以更溫和的方式對待孩子。這是每個人心中的善，而教育的功用就是最大限度地激發這種善。

高級的跑車需要長長的公路讓它奔馳，才會有價值。同樣地，抽象的知識需要在你大腦裡有一條跑道，讓這些知識跑起來，這個叫應用。

如果你思維封閉、拒絕改善，單純的知識灌輸就會變得極為痛苦。聰明如你，就會謀求一種考高分的能力，並滿心期待著這個方式改變你的命運。不能有所改變的，只會讓你更加愁苦、鬱悶。我們需要認真地審視自我，在經過教育後，我們是喜歡挑戰人生，還是更喜歡考試？

知識當然能夠改變命運，但千萬不要自欺欺人，因為世界很客觀，它向你索要最簡單的實用價值。思維方式比知識更重要，知識可以隨時獲取，但如果思維自我閉鎖，那就必須學會反思。你所受到的教育，已經賦予你這種能力。

因此，就看你是否渴望獲得更高品質的人生。

01 可以家貧，但不可以心窮

我還在做公務員時，認識了一個乳品廠廠長，很年輕又有責任感，當時也不過是三十歲出頭。他上任前就立志要在三年之內把乳品廠的利潤提升，正式就任後，就把我們這群朋友邀請了過去，商量如何迅速擴大。他的工廠主要是生產雪糕的，但我們對這個行業很陌生，完全外行。但知道當地有家同類企業，每天都有新產品推出，已經經營得有聲有色了。於是，我們就問他：「那個牌子怎麼會每天都有新產品推出呢？」他回答：「我們比不上，他們太有規模了。他們還有一個很大的實驗室，全公司的員工都可以拿著原料去實驗室測試，只要反應不錯，就可以提案，並馬上進行生產流程，當天就能銷售。賣不好就算了，賣得好，員工就能獲得獎金。」

我興奮的說：「這個辦法好啊，也許要比他們創新很難，但我們也可以學習他們，弄個實驗研究室，讓你工廠裡的員工一起參與研發。也許也能創造出熱賣商品來，業績提升員工也能加薪，一舉兩得呀。」

聽了我的話，他將臉轉向窗外，陽光灑在他的臉上，我清晰地看到他臉上的肌肉扭曲著，說了句：「把錢給他們？想得美！」

我說：「給他們有什麼不好？只要他們能搞出熱賣商品，不也是替你解決經營問題嗎？」他說：「別說這個了，想想別的方法。」

我們不明白他為什麼不喜歡這個方法，最後不歡而散。後來，他還是仿效了競爭對手弄了間實驗室，第一個月的效果很顯著，許多新品一上市，就被消費者瘋搶嚐鮮。但第二個月，他的產品就在市場上消失了。

後來才知道，他雖然建立了一個小小的實驗室，但並未實現承諾給員工的分紅。所以，第一個月新商品推出後，員工一毛錢也拿不到。沒分紅就算了，實驗時用的材料，員工還要自己負擔。因此許多員工感到不滿，就故意弄壞模具、弄丟配方，以致於第二個月連原本的舊產品都生產不出來了。

最後，他的理想無法完成，工廠基本上處於停產狀態，工廠裡冷冷清清的，他自己則每天坐在空蕩蕩的辦公室裡喝茶，滿腹怨氣地對著牆大罵，罵世道不公，罵人心險惡。此後，大約隔了十年，他到了深圳，我們再一次見面。

02

相隔十年再見，他變得很滄桑，滿臉愁容、憔悴的樣子。坐下來後，他拿起擺放在桌上的印有酒樓標誌的衛生筷，說出了第一句話：「這東西，是要錢的！」當然要錢，我說：「我們又不是老闆的誰，人家憑什麼免費伺候你，你說是吧？」他不理我，拿起衛生筷在桌子上敲，氣憤地說：「光是收這些筷子的錢，就夠付服務生一個月薪水了。」我說：「這證明，餐廳老闆是個有腦子的人。」他仍然不理我，叫了一聲：「服務生！」服務生過來後，就聽他氣呼呼地說：「把這些收費的筷子全撤下去，給我們上一次性的筷子！一次性的筷子你們有吧？別告訴我你們沒有！」

筷子撤下去了，他替我倆各省了一塊錢。可是，他仍然餘怒未消，用悲憤的語氣對我說：「你知道嗎？這家餐廳的老闆，他不只做吃的，還創立了烹飪學校，把學生派來餐廳實習，也省了不少服務生的費用。」

他滿腔悲憤，不停地控訴這裡的老闆，又以挑釁的口吻叫服務生過來，吩咐：「給我上一份蒜片、一份蔥絲、一份薑片、一份辣椒醬、一份剁辣椒……」他語速極快，一口氣吩咐了九種以上的調味料，服務生一臉呆滯。被他這麼一鬧，這頓飯就沒法吃了。

03

感覺這個朋友不太對勁，我有意識地和他保持一點距離，以後他再約我，我總是推說有事。此後斷斷續續從朋友那裡聽說他的一些事，例如常和別人發生衝突，不論是去餐廳或是飯店。甚至還被打傷住院，在醫院仍然不改本性地控訴護士是如何冷漠對待他……

他總是說只能怪自己的個性太好強了，眼裡容不進一粒沙，看不慣別人的一些錯誤行為。但我想，他不是他眼裡容不了沙子，而是他才是那粒沙子！

不管他出現在誰眼裡，都讓人極度不舒服。你說這是何苦？家窮，就會家徒四壁，空無一物。心窮，心裡就是一片空蕩蕩，毫無著落，彷彿置身於荒野中，感到急切的焦慮和無助，類似被害妄想症的狀態。他的眼睛總是緊張地盯著前面，任何人出現在他眼前，都會讓他忍不住衝過去較量一番。

我就見過這種類型的老闆，對自家企業經營絲毫不上心，一心只會與員工計較，鬥到最後當然是他贏，只不過公司的氛圍和業績越來越差，搞到眾叛親離，他卻只會自怨自艾，感嘆人才難得、知音不遇。

心窮是不分年齡的。我還見過一個心窮的年輕孩子，一個剛畢業的大學生，已經通過面試準備工作了，可是他卻對我說：「我覺得，你們都太現實了。」我不明所以問他說：「怎麼了？」他說：「你們這裡女員工那麼多，感覺就是缺個壯丁罷了。叫我來，我感覺你們明顯不懷好意。」

這是什麼話？我難以置信說：「這麼多人辛辛苦苦地為一家公司奮鬥，就為了對你不懷好意？你很值錢嗎？再說，這裡如果不需要你的話，又為何要讓你來工作呢？你總得為公司貢獻出什麼吧？」

他嘆息回：「唉，我現在對你們來說還有利用價值，可等我病了、老了呢？你們還會用我嗎？」這個孩子邁著蒼老的步伐，一步步地離開了。此後，我再也沒見過這孩子，但見過許多和他一樣對工作充滿了憂慮的新鮮人。他們的心太窮了，沒有任何東西能拿出來與這世界交換。

04

一個人如果內心過於軟弱，就會陷於心窮的狀態中。心窮之人，生活在自己的想像中；想像中，整個世界都是屬於他一個人的。他無法容忍別人獲得任何一點好處，哪怕只有一點點，都足以把他的心壓碎。他巴不得所有人都生活在困頓之中，因為任何人的努力和成就，都會對他造成刺激，形成傷害。

心窮之人，思想是封閉的，觀念是僵化的。認為自己沒有獲得適合自己的位置，因而滿腹牢騷。這類人是合作的毒藥，他們總會找到奇怪的理由，把好端端的局面弄砸。

越是心窮，反省能力就越匱乏。他拒絕反省，害怕面對失敗，恐懼去改變他那隱祕而固化的思想。事實上，這類人所做的一切，都是力圖讓世界向他們靠攏，但這世界太任性、不聽話，所以他們就感到屈辱、不甘。

一個人，一旦只想與任何人計較，就會墮入心窮狀態。這時候，人的智力就會下降，思想無法打開，始終囿於一個狹小而悲憤的領域。

因此可以家貧，但千萬不可以心窮。家貧之人，只要有志氣、敢挑戰，就會一步步地走出人生困境。而心窮之人，被困在自己狹小的心眼裡，除非他們能夠破局而出，否則，就只有耐心等待，等待他們從自我束縛的蟬殼中掙脫出來。

哪些知識會讓你變蠢？

01

我有個朋友，跟他正在讀大學的兒子說：「兒子，你在大學裡一定要多讀幾本書，你看那位俞敏洪，他讀北大時，四年就讀了八百本書，有時候沒錢買書，他就……」

兒子慢慢轉過頭，用看一隻千年老怪物的眼神看著父親說：「爸，現在是資訊爆炸的時代，網上什麼都能查到，誰還讀紙本書？」父親氣壞：「你你你……網上的東西再多，你不會用也是白搭。」兒子冷靜地說：「是你不會用，不是我。」父親悲憤地生悶氣，不知道如何才能說服兒子。打敗了父親，兒子轉向坐在旁邊的奶奶：「奶奶，你在家無聊，我教你上網吧。」奶奶回：「網路有什麼好玩的？」兒子：「網路上什麼都能查到，不管你問什麼問題，都可以找到答案。」奶奶回：「真的？你替我查一下，昨天你爺爺把褲子脫哪了？我找了老半天」「……不是，奶奶……」兒子亂了陣腳，奶奶你換一個問題吧。

奶奶問：「你小時候喜歡吃奶嘴，怕人搶，你把奶嘴藏了起來，藏完你自己就忘了地方，再也找不到了。你上網問問，你小時候把奶嘴藏哪了？」「奶奶，你別……」兒子無力招架：「問這個也不行，你再換個問題。」再換一個也行，奶奶問：「那你問問，你媽她什麼時候回家吃飯？你看菜都涼了。」這個……兒子幾乎要崩潰了。「奶奶，你可以問一個有意義的嗎……」奶奶：「蛤？吃飯沒意義呀？沒意義你別吃了。」兒子徹底被打敗了。

02

華倫．巴菲特，是世界上最成功的投資者，他有個低調的合夥人──查理．蒙格。他的做事風格和巴菲特相反，在一次飯局上，查理．蒙格講了一個故事。

故事叫做『普朗克的司機』。這個故事流傳中被篡改成『愛因斯坦的司機』，因為許多人不知道誰是普朗克，但都知道愛因斯坦。

03

普朗克的成就並不亞於愛因斯坦，他是一九一八年諾貝爾物理學獎獲得者。得獎之後，他每天奔波於各個學府及社交場合，演講他的理論。講了一段時間，幫他開車的司機也都聽得滾瓜爛熟，就對他說：「教授，你每次都講一樣的內容，連標點符號都一樣，我都記熟了。這樣吧，下次到慕尼克，就讓我幫你講吧，你也可以休息一下。」普朗克說：「好啊，你想講，那就你來好了。」

到了慕尼克，普朗克坐在車裡，交給司機上台，對一群物理學家洋洋灑灑地講了一篇跟普朗克演說一樣，非常完整的演說內容。講完了，一個教授舉手：「先生，我想請教一個問題……」然後，問了個非常專業的問題。聽完他的問題，司機笑了：「這個問題，太小兒科了。這樣吧，我讓我的司機替我回答……」

講了這個故事後，查理．蒙格說：「知識有兩種，一種是知識，另一種是表演。」許多人並沒有掌握什麼知識，而是像普朗克的司機一樣，只是學會了表演。但是，這種表演對當事人並沒有任何幫助。糟糕的是，許多人入戲太深，忘記了自己只是個司機，不是普朗克。

查理．蒙格的意思是說，有些人並沒有掌握足夠的知識，他們只是掌握了一種表演的技巧。他們在現實生活中就如普朗克的司機一樣，登台就如同鸚鵡學舌，但卻期望獲得普朗克的榮譽。

作為搭檔，巴菲特也喜歡查理．蒙格的故事，他認為，一個人至少應該具備兩個能力：第一，能夠清晰地認知自己掌握了多少真正的知識；第二，能夠辨識那些貌似知識者的表演家。

擁有第二個能力，相對來說簡單些。大致說來，戲劇中的演員、電視節目裡的主持人，甚至有些照本宣科的教授，這些人多是表演者，你在他們身上看到的多半是一種過人的表演能力，他們自身知識的含量並不如你想像的那樣高，難的是擁有第一個能力。

有關第一個能力，巴菲特說：「請認清你的能力範圍，並待在裡邊。這個範圍有多大並不重要，重要的是知道這個範圍的界限在哪裡。」

查理．蒙格說：「你必須找出自己的才能在哪裡，我幾乎可以向你保證，如果你必須在你的能力範圍以外碰運氣，你的職業生涯將會非常糟糕。」

最後，這二位大師也沒解釋清楚，要以何標準區分真正的知識與表演，並以此界定自己的能力範圍。可能巴菲特和查理．蒙格都太聰明了，他們以為自己知道的，別人都知道。

但實際上，許多人確實不太明白。

04

理論上來說，這世上的所有知識都有其內在的價值。網路時代，許多知識可以隨時在網路上搜尋到，網路是聰明人的工具，但卻似乎讓一些人變得更蠢。

網路就像是普朗克，你和我就像是替人家開車的司機。網路上的知識再多，你最多不過是學習如何表演。現實生活中，許多人跟普朗克的司機沒有區別，只會照著現成的範本表演，問他下一步該如何做，他就傻眼了。顯然，碎片、零散、孤立的知識，並沒有任何意義。有意義的是靈活運用自己掌握甚至未掌握的知識，透過思考來改善自我智慧及生活的能力。

05

大哲學家羅素有個好朋友，叫艾爾弗雷德・諾思・懷特海。他們兩人合著了一部《數學原理》。此後，兩人兵分兩路，艾爾弗雷德・諾思・懷特海開始研究思維與感覺之間的關係，並提出了一個奇特的概念「惰性知識」。

惰性知識指的就是那些碎片的、零散的、孤立的，但沒什麼實際用途，無法在現實中應用、缺少靈活性的知識。照這個標準來看，網路上有九成以上都是惰性知識，也等於是死知識。除非能靈活運用這些惰性知識，知識才會表現其應有的價值。

對絕大多數的人來說，金魚的記憶時間到底有多長，這就屬於沒有用處的惰性知識。普朗克的司機能夠一字不差地背誦他的演講稿，這也屬於典型的惰性知識。

不是說死知識就沒用，至少趣味性還是有的。但如果你具備了讓死知識成為活知識的能力，豈不是更好？

知識必須能夠用以實踐，才有其價值與意義。知識必須能夠在你大腦中自由運行，形成一套完整的思維體系。這個體系至少應該包括觀察、分析、預測、行動、矯正、結果與回饋這七個步驟。

普朗克就是在專業領域裡運用這七個重點，完成了他的研究。所以，他才獲得了諾貝爾獎。而他的司機只有記住死知識，沒有完整的運用，所以是惰性知識。

06

那要如何把惰性知識轉變成有用的知識呢？

第一步，你要知道，有的知識是完全不一樣的。知識的世界不過是個積木天地，有些知識是積木，有些知識是積木場。其他的知識，都是由積木塊在這個場地裡搭建起來的。

最核心的知識有三類：

第一塊積木是數學

數學這東西的特點就是精確，精確的意思就是永恆不變。在美國，一加一等於二；到了韓國，一加一也等於二。這類知識是最有價值的，但也是最難的。

第二塊積木是邏輯

邏輯是非常抽象的，但也是準確的。知識體系靠邏輯推論而形成。人生也是依據邏輯而存在的，如果有誰活得不太有邏輯，那麼他的人生一定是場跌宕起伏的戲碼，娛樂了別人卻苦了自己。

第三塊積木是哲學

哲學是所有學科的源頭，它不是積木塊，而是你堆疊積木的場地。

你認為這個世界是什麼樣的，就可以拿數學和邏輯這兩塊積木堆砌自己的觀點。如果你的認知正確，那你鐵定會用到數學和邏輯。而錯誤的認知百分之百會回避數學和邏輯，只在自己的語言體系裡反複輪迴。

第二步，你要知道，除了數學、邏輯和哲學這三門學科之外，其餘的所有學科都只是假說，並不能確定其正確性。所謂科學，就是透過不斷驗證，讓其錯誤率降低。

舉個例子，現在大家生病都會先去看西醫。但你是否知道，西醫科學化的時間並不長。此前二千多年，西醫幫人治病時，常常只有一招就是「放血」。因為當時的醫學理論信奉體液之說，認為人生病了，是因為血液太多。所以，不管你是感冒、發燒還是腿斷、骨折，進醫院先給你一刀放血。為了使放血療法顯得更嚴肅，西醫大量使用吸血的血蛭。十九世紀，法國使用了超過四千萬隻血蛭，如果不是患者死得太快，這怪招現在肯定還在用。

人的一切理論其實都是虛構的，在這種理論被證明完全錯誤之前，只能先繼續沿用。

第三步，你要學會運用數學或邏輯的工具構建自己的知識體系，有了這個，你就能夠贏過身邊許多人了。

這個體系的建立，其實是很容易的。只需要改正網路搜索的習慣，從單純地搜尋知識，修改成整體性地搜索。你要查詢的，不是一個簡單的結論，而是思維的完整七步驟──觀察、分析、預判、行動、矯正、結果與回饋。

例如，金魚的記憶不止七秒，知道這個小知識毫無價值，但如果你在網路上搜尋到科學家的研究細節，從最初的觀察開始，分析、預判、行動、矯正、結果，再到最後的結果被你獲知，這一切就變得有價值了。

你對這個過程熟悉了，大腦就會潛移默化地形成體系的認知能力。此後，你看問題就不再那麼武斷，而是會練習試著將問題走過一個完整流程。這時候，你的錯誤在減少、智慧在增加，哪怕在一個陌生領域，也不會失去清醒的判斷力。

有些人會問：「為什麼不直接給個方法，讓大家一下子就建立起自己的知識體系呢？老實說，改變搜尋習慣的方法是最簡捷的，但對多數人來說，最省事的方法其實是最難的。從改變自我習慣開始，熟能生巧，也能應用得更廣泛。」

07

在前面巴菲特和他的夥伴查理．蒙格所說的是什麼意思呢？他們的意思是，只有把你大腦裡那些散亂的知識串聯起來，構成完整的體系，這才構成知識本身。這個體系能夠幫助你，改善你的生存環境。

而不成體系的一切就是查理．蒙格所說的，這些無意義的東西，會讓你的人生變得非常糟糕。網路只是工具，而知識甚至不能構成工具本身，只有系統化的思考才能形成有意義的工具。

吳曉波（財經作家）認為，工具會淘汰人。這話其實不假，但它淘汰的一定是那些思想頑固、保守，沒有形成自我思想體系的人，只有這類人才會排斥進步。並不是你年輕，就一定不在這個行列中，年紀和進步沒有絲毫關係。所以，千萬不要再說「網路上什麼都有」這種話了。**網路上有沒有並不重要，重要的是你自己的大腦裡有沒有。**

高手都是饑餓思想

01

卡內基梅隆大學有位教授，叫做邁克爾·特裡克。年輕時，他致力於追求完美，因此眼光很高，對愛情與婚姻感到憂心忡忡。他擔心遇到不合適的對象，或是因為心急而草率結婚。為此，他苦攻數學，潛心計算遇到最完美另一半的概率。

在他的研究發現，一個人可以選擇到完美的另一半的機率是百分之三十七。假設邁克爾每年遇到的女性數量均等，那麼他從十八歲開始選擇，在他二十六·一歲之前或之後，能夠選擇到完美對象的機率都低於百分之三十七。所以，他必須要在二十六·一歲那天，向遇到的最喜歡的女性求婚，這個女性成為他完美妻子的機率是最高的。

計算結果出來後，邁克爾就開啟了「無情模式」。在還不到二十六·一歲之前，無論遇到多麼好的女性，他都冷漠以待並無動於衷，就這樣等啊等，終於等到二十六・一歲的那天。他立即衝出門，因為時間緊急，他必須要選在二十六・一歲的今天求婚，錯過這個時間，他此生難再遇到完美的另一半。

終於，他在茫茫人海中，看到了那個讓他怦然心動的女子。邁克爾衝過去問她：「嫁給我好嗎？」女子吃驚地望著他，大喊：「救命啊，有色狼！」不是……那個……邁克爾在被捉走之前醒過來了。他的演算法是沒問題的，問題在於，別人並不會按照他的演算法來配合。在二十六・一歲時，他遇到的心儀女性，確實有最大機率成為完美妻子。

但是他卻不一定是別人的完美丈夫，就算是，別人也未必非得答應他，何況還互不認識。可憐的邁克爾，就這樣錯過了他的「黃金擇偶日」。那麼他此後的人生，還會不會結婚呢？

02

原始叢林中有兩個原始人。一個叫阿餓，一個叫阿完。阿餓總是很饑餓，阿完凡事求完美。早晨起來，阿餓感覺很餓，拿起斧頭就去打獵了。阿完震驚地看著阿餓問：「你說你要打獵，可是獵物在哪裡？如果獵物在東邊，你去了西邊，豈不是白費工？」阿完是個追求完美的原始人。只要是有任何事情不完美，他寧肯不去做。為了有一個完美的狩獵行動，阿完認真規劃他的狩獵計畫。果然，阿餓忙了一天，只是勉強弄到一點食物，並沒有減輕他的饑餓感。隔一日，阿餓更感饑餓，繼續去打獵，阿完繼續修訂他的計畫。幾天過去了，阿餓意外地獵到一隻大獵物，他終於能夠大飽一頓。然後，他扛著獵物回去，想和阿完分享，卻發現阿完已經餓死了。臨死之前，阿完的計畫也未達到完美。其實阿完並不知道，這世間根本就不存在完美的計畫，只存在著完美的行動。

03

賈伯斯說：「保持饑餓，保持愚蠢。」這句話是什麼意思呢？他這句話，就是說給邁克爾教授聽的！邁克爾教授錯就錯在他選錯了演算法。婚姻與愛情這種事，依據的是「生理演算法」，而非理性演算法。

生理演算法源於人內心的饑餓，源自愚蠢。對事業的饑餓感與愚蠢，會促使人進入行動狀態。如果一個人的心裡少了這種非理性的力量，就會落入確定主義的陷阱。比如叢林中的原始人阿完，在確定獵物所在位置之前，他是不肯行動的，然而獵物是活的，如何保證牠不會移動呢？最終，確定主義者活一輩子一無所獲，只有饑餓主義者，才會得到他們所渴望的機會。

由此，我們就知道，高手都是饑餓思維。而弱者，多是內心的欲望熄滅，等到都餓死了還沒有感到饑餓的人。

04

人生也是這樣的，真正的高手，永遠不會拘泥於枝節，而是能夠縱觀大局。

第一，能夠俯瞰大局

俯瞰大局，是指對這個世界，以及自身所處的周邊環境有約略的瞭解。就如狩獵的原始人阿餓，他只要知道東邊是山，西邊有水就夠了，至於山上的樹木有多少棵、湖有多深，這些具體的細節，就等之後慢慢瞭解。高手對這個世界的認知也是如此，知道這個時代醞釀著巨大的變革這就夠了。至於變革中哪些行業會興起，哪些行業會沉淪，這些事根本不需要知道，因為這些是不確定的。若非要等不確定的一切變得確定了，只會讓你失去機會。

第二，保持饑餓感或野心

高手都受著生命本能的驅動，表面上溫文爾雅，心裡卻燃燒著熊熊的野火。野心讓他們對行動充滿專注，對他人的評語無動於衷。如果一個人心裡沒有這種原始衝動，就會屈服於他人的評價，最終淪為一個以「凡事力求完美」為藉口的拖延者。高手從不拖延，不是他們做得比別人更好，而是他們根本不在意別人的負評。

第三，以概率思維為取捨

當我們行動時，有些人就如阿完，生恐行動徒勞無益、枉費功夫。但真正的實踐者如阿餓，他也許連續幾天都見不到獵物，也有可能某天就獵到一隻大肥羊。行動者更注重運氣，而運氣的本質不過是機率。只要有不停在行動，哪怕偶爾運氣差，成功的機率也會比猶豫不決而遲遲不行動的好。

人生贏家，都懂的七種思維

01

有個網紅在網路上分享了一段話：

「有個問題我思考二十年了，我真的不懂，除非是大學畢業後從事與數學相關的工作，對普通人尤其是文科生來說，數學學到高中程度對未來生活究竟有什麼幫助？何況絕大多數人一畢業就把所學的都還給老師了，像是化學和物理也是如此。」

你睡覺明明只占一個人的位置，可是床鋪一定要比你的身體大出許多才行，如果有人抱怨多出來的那些地方是不需要的，這難道不腦殘嗎？

你去洗手間，要用衛生紙。可是一張衛生紙只會用到一部分，大部分都被你「浪費」

了，你何曾質疑過那些「浪費」的衛生紙是「沒用」的？人生若缺乏足夠的移轉空間，會把自己活活憋死的。

像孔子是文科生，可是孔子年輕時替人家管理庫房，創造了管理帳目的方法。王陽明也是文科生，沒學過數理，但王陽明在督造工程時，自己琢磨研發了一套運籌學，提升了工程建設的效率。智慧沒有文理之分，理解不了這一點的人，真是白讀書了。真正的高手，都富有數學思維。人生贏家，都是把數學方法運用到生活中的人。

02

做事總是順利且容易成功的人，多數都掌握了以下幾種思維：

一、概率思維

數學有門課叫概率論，學會這門課，你的智力會大幅上升。概率論能用來計算人生事業，你想找工作，剛開始沒有條件、沒有基礎，成功的概率極低，但隨著你的努力，一點點地提升自己，再抓住環境變化所帶來的機會，就很容易獲得你想要的工作。

學會概率論的人，有無數個選擇。不懂概率的人，只有二個選擇，成功或失敗，但事情一開始時多半不具備條件，所以人往往也極易放棄。

二、線性代數思維

不懂數學的人，只知道一個原因帶來的一個結果。但若你學會了線性代數，就會恍然大悟，世界不是這樣子的。

任何事情，其實都是由許多的原因造成最後的結果。比如你的夢想如願以償，並不是單一要素造成，一定是多個因素集成，而導致多個結果的加總。

三、聚類分析思維

數學是分類的科學，掌握了分類的法則，思維就會變得條理化。

比如我們聽別人說話，知道他所想要表達的內容，有觀點、有論據還有事實。世上充滿了各種矛盾的觀點，都有各自的道理，邏輯性強的高手，論點一定合理到位，而缺乏邏輯性的人，論點往往充滿情緒。

四、輔助線思維

當你遇到一個數學題，複雜無比，令你茫然無頭緒。但如果你在上面畫條輔助線，把一個複雜的問題，拆解成幾個小分支，就會豁然開朗。

人生也是這樣，有些朋友感到困惑、感到茫然，不知該如何做。面臨這種迷茫困惑時，就是沒有學會運用輔助線來分解問題。但如果你不會運用輔助線，不會拆解人生問題，又該如何從一團打結的毛線中，找出那細微的方式解開呢？

五、追求不確定性

數學看起來結果似乎是確定的，一加一等於二。但在二進位中，一加一是等於十的。所以，數學是確定性與不確定性相互交織構成的網，正如我們的人生。比如，部門裡有個主管職缺，你為了想獲得晉升，就賣力工作。但是你的主管說，你沒有那個能力，不需要那麼辛苦去爭那個職位了。所以你選擇不努力了，連工作態度都開始懶散，那你憑什麼獲得晉升？

所以你既要努力工作，還要與主管保持無障礙的溝通，給同事穩重、歷練、能幹、有發展前程的好印象。這就是於不確定性中，捕捉到那一絲的可能性。如果你只注重確定性而忽略不確定性，就會在任何一個競爭機會中出局。

六、虛實思維

數學有個理論是叫「複變函數」。在正常函數中，一個數的平方，必須是正值；但在複變函數中，一個數的平方，居然是負數。學這個奇怪的科目，到底有什麼用呢？許多在實數領域無法解決的問題，在虛數領域都能迎刃而解。

我們的人生充滿了許多複雜的問題，現實中無法打破僵局，你得先在抽象領域架構理論，再回到現實，問題就極易化解。所以有些人，只是讀讀簡單的心靈雞湯，人生就會變得容易了嗎？而另外一些人，你傳授他突破困境的祕訣，他不予理會也不以為然。為什麼會有這種差別呢？就是因為他們不懂數學啊！

七、量子認知

如果你曾在大公司工作過一段時間，你會發現一些奇怪的企業文化。

當大公司或部門裡的管理階層發生爭執時，大老闆最好不要介入，這是為什麼呢？

真正有知識的大老闆，都知道量子觀測法則，觀測者會和觀測目標發生能量交換，進而導致波函數塌縮。

上面這段話的意思是：一件事會因為參與者的捲入而偏離方向。

當大公司的管理階層發生爭執時，基本上都是管理之爭，效益與效率之爭，如果大老闆在場，爭執就會變成「爭寵」，真正為公司前景的考慮少了，相互攻擊與明槍暗箭就多了。

上面這個規律，同樣也會發生在一些家庭中。有些家庭裡的婆媳發生爭執，如果你仔細觀察，就會發現罪魁禍首是媳婦的老公。如果把老公趕出去，家裡就會風平浪靜多了。

數學到底是什麼？數學其實是我們現實世界的抽象法則。你在人世間遭遇到的任何一件事，都會在數學體系中找到相對應的原理、公式與解題方法。這就是華爾街的操盤高手，都要有應用數學或計算數學文憑的原因。搞不懂數學的人，生活往往一塌糊塗，因為缺少構建體系的數學思維。這個世界，高手通常是從數學中獲益的人。

CHAPTER 2

高效做事

學這個有什麼用？

01

非洲獵豹在追趕獵物時，追逐的路線是一條弧線。還有魚鷹，在捕捉魚時，不是直直地朝魚兒撲過去，而是略微超前一點點的位置撲上。為什麼牠們不走直線呢？不是說直線的距離最短嗎？直線距離固然是最短的，但是獵物是會移動的。

如果朝著獵物直線衝過去，當你到達時，獵物早就往前奔跑七十公尺了。對於移動中的獵物，追逐時必須計算牠的速度與方向，要在前方一個點上與其會合，恰到好處地將其撲倒，這就是生物的本能。

蔡康永有篇文章《別問「這有什麼用」》，曾在網路上非常流行。文章大意是說，有些人短視而又功利，他們就好像上了發條的娃娃，你只要拍一下他們的後腦，他們就會理直氣壯地問：「這有什麼用？」「我想學舞臺劇，這有什麼用？」「我正在讀《原子習慣》，這有什麼用？」「我會彈巴哈了，這有什麼用？」「我會辨認楝樹了，這有什麼用？」……蔡康永傲嬌地說：「這是我最不習慣回答的問題」，因為人生不是拿來用的！

凡事必問「有什麼用」的人，最有可能喪失本能的智慧，淪為不如野生動物的悲哀者。問出「有什麼用」這個問題的人，他的大腦是靜止的，就以為整個世界是停滯的；他的思維是固化的，就以為世界是固定的。

以前有個故事，法拉第發現了電磁感應現象，他欣喜若狂地大肆宣揚，不料，現場一位女士問他：「這有什麼用？」法拉第氣憤地反問她：「夫人，剛出生的嬰兒有什麼用？」這個回答告訴我們，最新、最具經濟潛力的、將引領未來潮流的東西，正處於無用狀態，無用地悄然成長。

那些只追求有用的人，永遠不會關注無用之物。他們總是在風浪過後才匆匆趕來觀潮，總是落後時代半拍，總是輪到他們規則就變了。並非輪到他們時剛好規則就變了，而是規則始終在變化中。昔日那些不被重視、無用的東西正在緩慢地成為主流。大腦固化的人，隨時都在面臨著新規則、新玩法的挑戰與衝擊。

抱怨很多事沒有意義的人，必須改變自我的短視思維，踏入新時代的浪頭，這樣的人

生，才更有樂趣啊！

02

高曉松說：「生活不止眼前的苟且，還有詩和遠方。」

「眼前的苟且」是對生存資源匱乏的無奈。許多孩子受環境拖累，在不理想的狀態中掙扎求生存。這種生存狀態，嚴重損害了孩子們的智力，讓他們不得不追逐眼前價值最大的東西。

有人會認為戶頭都沒錢了，還說什麼「詩和遠方」。西晉有一位天真皇帝司馬衷，聽說民間饑荒，百姓活活餓死，他驚訝地說：「沒有糧食，為何不吃肉粥呢？」處於不理想狀態中的人，不敢想像什麼「詩和遠方」。生活的殘酷就在這裡，當你不敢想像這些東西時，就是你的智慧嚴重受損的開始。

有篇研究報告指出，第二次世界大戰後，許多人從大屠殺中被解救出來，重新過著體面富足的生活。但是，他們當中有的人有一些奇怪的習慣，無論市場上的食物多麼充足，他們仍會擔心糧食不夠，不斷地購買囤積，冰箱裡的食物因為存放過久而過期，卻仍然捨不得丟掉。對這些人來說，饑餓的記憶是如此深刻，已經嚴重改變了他們的基因。

短缺的心，是有慣性的。短缺帶來的思維慣性，讓有些人在事過境遷之後，仍然抱著退流行或被淘汰的物品，或是某種職業、某個人生方向死不放手。對短缺記憶的頑強堅守，造成了有些人喪失獵豹與魚鷹的本能，在追逐獵物時不走弧線，而是直線狂奔。於是，他們持續地成為落後者，持續地陷入短缺中。

03

我們都有一顆短缺的心，只是方向各異，輕重也不同。所以，我們需要認真地審視自己的人生。蘇格拉底說：「未經審視的人生不值得過。」之所以不值得，大概就是因為我們都有短缺行為的慣性，癡迷且執著地專注於自認為有價值，實則已被淘汰的信念。

即使我們審視自身，也很難發現自己的心智缺陷。相反的，我們每個人都擁有一眼辨識出別人的思維陷阱的能力，偏偏就是看不清楚自己的。就如同我的一個學生所說的，眼睛能看到萬事萬物，偏偏看不到眼睛自己。

因此，我們需要朋友，需要他們的毒舌、智慧來幫助我們認清自我。我們還需要自嘲的幽默智慧，在遭到朋友們的無情否定時，不要本能地對抗，而要以自嘲化解窘迫，然後慢慢反思。

我們最應該知道的是，人世無常，一切都在激烈的變化中。今天最明確的目標，明天就必須加以調整。成功的方向應該是一條弧線，不要只會直線的橫衝直撞，時時刻刻關注周邊，隨時調整人生奔跑的方向。

切記，一切變化中，永恆不變的是人際關係的交會點。牢記這一點，就知道哪些東西能夠長留，哪些東西不過是轉瞬即逝。

最後要說的是，積極的人生並不會沒有用。說一件東西沒用，其實不過是我們自己沒用，那應該是我們的人生價值還未得以全面開發。當我們的價值被開發出來，成為一個有用的人，這時候，那曾經無用的一切，全都會展現出它們的前瞻性。

強大的學習能力從何而來？

01

網路上有篇文章，發文者表示遇到了史上最強跨界事件。

文章描述一年前，他家要安裝寬頻，來了一位技術員，看起很專業、很細心，這個年輕的技術員讓他留下了深刻印象。

半年後，他在一家電器行又遇到這個技術員，但他已經不再是技術員了，而是銷售員，正在熟練地介紹家電產品。

兩個月後，他去了一家生意很好的餐廳吃飯，驚訝地發現，那個前寬頻技術員、家電銷售員，現在竟然是餐廳的廚師，正熟練地搖晃著手裡的炒鍋。發文者便點了他做的菜，親自品嚐後，味道還真不錯。

兩個月後，他去修車廠修車，竟然又在車行遇到了這個技術員、銷售員和廚師，他看起就是車行裡專業的修車師傅……只要是他想學習的領域，他不馬虎的認真投入，跨產業對他來說並不是阻礙。

有些人有超強學習能力，但很多僅限於某些特定範疇。並不是每個人都能適應任何一個時代，也不是每個人都能適應任何一個行業。幸運的是，人並不需要適合所有的時代，活在當下穩穩安心的過；也不需要適應所有行業，找到自己喜歡想學的，人生就足矣。

02

之前在網路上看到，美國有位媽媽告了幼稚園，就因為幼稚園在教導孩子時，在黑板上畫了個圈，並告訴孩子們這是零。這位媽媽指責說，幼稚園把一個具有無限想像空間的圓圈規定為零，這嚴重傷害了孩子的想像力。因此，她要求幼稚園賠償鉅款……這故事的真實性有待驗證，但也反應出了成長教育的不同觀點。

曾有個老師對我說，老師對孩子的智商發育影響太大了，大到了你無法想像的地步。

他說，在他小時候，遇到一個看他不順眼的老師，經常在課堂上取笑他，這讓他的情緒低落消沉，原本很好的成績瞬間一落千丈。那是他人生最黑暗的時光，他越是想努力表現，反而效果越差。他知道自己遇到了麻煩，就向家長求助。但萬萬沒想到，家長出面溝通後，非但沒有改善他在學校裡的處境，反而讓情形更加惡化。據他猜測，老師可能發現他的家境困苦，反而更加肆無忌憚，讓他猶如生活在地獄中，有過多次尋短的念頭。

幸運的是，對他有成見的老師生病住院了，新來的老師就如同一般正常老師般。於是，他發奮圖強，成績突飛猛進，最終考上了師範大學。他說，如果不是因為那位老師的折磨，也許他能考上更好的學校。

考上師範大學已經很不錯了，他希望自己成為老師後要對學生好一點，別再讓自己的遭遇在孩子們身上重演。

這樣的故事，相信你我都聽過許多。比如說企業中，受到主管斥責的員工就會更加手忙腳亂，越是心慌犯下的低級錯誤就越多。而獲得嘉獎者就會更加揚揚得意，處理起工作也越順手。

03

想要具備自我學習能力，首先必須審視自己腦子裡那些固化的東西，不摧毀這些，你就無法前行。我們思維固化成形的，有觀念、有結論、有環境，還有對人和事物的看法。這其中，任何一個固定的結論都是我們智力的邊界，是我們無法獲得強大學習能力的癥結。

必須摧毀那些固化的觀念。你認為人應該是自由的，還是應該建立規範的秩序？唯有不確定性的狀態能夠促進人的思考，我們必須尋求這種狀態，並讓自己停留在其中。

必須摧毀固化的結論。一切結論只是當時情境的暫時狀態，結論在你腦子裡，但世界會繼續流動。你的結論隨時都有可能被推翻，無視這一點，就會成為落後於時代的蠢人。

必須摧毀固化的環境認知。無論你怎麼看待這個世界，都會找到反例。要留心這些反例，所有反例都標誌著變化，標誌著未來的方向。無論你是否喜歡這個方向，變化時刻在發生。

變化已經發生，只是尚未普及。這世界有一條殘忍至極的規律——趨勢的變化與你希望的正好相反。所謂學習能力強，無非是有意識地去摧毀自我冥頑認知。你腦子中的固化區域越少，你的思考就越靈活，智力就越提升——但即使是這個觀念，也是需要加以摧毀的。

我們需要的，永遠是針對自我的解決方案。而這，只有在認知及吸收他人的觀念，與自己的思維融合之後，才會發生。

如何具備良好的判斷力？

01

在網路時代，判斷力比以往任何時代都更重要。網路拉近了人與人的距離，讓你隨時看到許多新鮮事物，任何事件都容易引來群眾的高度亢奮。一旦判斷和看法出現分歧，就形成了網路熱點。

比判斷本身更重要的，是判斷的依據。掌握了這個依據，就能夠透過現象直達本質，就意味著我們的智商還勉強夠用。至少在被人家賣掉時，不會那麼積極地數錢。失去判斷能力，我們就容易被表面的假像蒙蔽，糊糊塗塗地過日子，一輩子都像被操控的玩偶似的，沒什麼快樂可言。簡單說來，人類社會中的判斷行為大致有六種：情緒判斷、偏好判斷、利益判斷、規則判斷、價值判斷與是非判斷。

根據問題的不同，大家的判斷標準也不同。如果錯用了標準，比如在是非判斷上採用情緒判斷，就會容易犯下失誤。現在，我們來看一下這幾種判斷的區別。

02

人類的判斷能力是從情緒判斷起步，慢慢成熟起來的。什麼叫情緒判斷呢？比如說，網路上有人寫了個故事，說自己有一位朋友從讀幼稚園開始就特別令人感到厭煩。

怎麼厭煩呢？這孩子個性非常固執，阿姨在發餅乾時，給他一塊他嫌少，就馬上嚎啕大哭抗議，阿姨急忙再給他加一塊，但他哭得更誇張了，這次他嫌太多了。多也不行，少也不行，那就給他一塊半吧。結果孩子哭得更厲害了，因為他嫌半塊餅乾是被弄破的。

要幾塊餅乾不重要，我們要說的是這孩子的表現，當要求沒有被滿足，就採取激烈的哭鬧手段，這種純粹情緒化的固執，就是典型的情緒判斷。

等孩子長大了，這種行為就明顯減少了。但有些人，仍身陷於情緒判斷中，始終無法擺脫。

03

那個幼稚園的孩子長大了，到了談戀愛的年紀，這時他就又會糾結起情緒了。

遇到個高挑的女孩，擔心人家氣場太強，壓不住；想找個小鳥依人型的，又嫌太累，伺候不起。交漂亮的女生怕被劈腿，找個有錢的怕自己會沒自尊。就這樣浪費了好幾年，最後乾脆算了，找個合適的就行。但這時他才發現，糾結的他反而沒有女孩想跟他交往，只好降低要求，只要是女生就行。但他驚訝地發現，就連這樣也沒有女生想跟他在一起……

總之，他在談戀愛的過程中，表現出來的仍是幼兒時期的任性。這讓我們意識到，情緒判斷對一個成年人來說，是多麼不合時宜並阻礙了自己的未來。

有的人看起來似乎擺脫了情緒判斷，卻一頭栽進偏好判斷的泥淖裡。他們認為自己才是世界的中心，以自己的口味、審美、習慣和嗜好，作為對人或事物的評判標準。這種完全出自個人偏好的評判，不過是情緒判斷的升級版。等你意識到偏好不重要，客觀判斷才是關鍵，這時候，較為成熟的判斷力才會慢慢形成。

04

成熟的判斷是先從利益判斷開始的。所謂利益判斷，就是依據事件是否對自己有利做出評判。

利益判斷很難說清楚是非，簡單來說，利益判斷就如同博弈般，雖然不能說是徹底的零和，但有明顯的排他性。

前幾年有個笑話，某塊土地準備再開發，但只有一筆預算，可是有兩個項目在評估：一是建一所小學，另一個是建一所監獄。

教育無疑是非常重要的，但監獄也是不足。到底該建哪個呢？舉棋不定時，有個參與決策的人說了句：「大家想想，你們這輩子，還會進小學讀書嗎？但監獄……你們懂得。」眾決策者恍然大悟，全票通過決定蓋監獄……

這雖然只是個笑話，卻是典型的利益判斷。舉個例子，某個社區有一筆資金，要用來建老年活動中心，還是建兒童樂園？建哪個都有必要，但錢就這麼多，只能建一個，這又該如何取捨？

利益判斷是個社會兩難的選擇，唯有二者的權衡，才知道什麼叫割捨不下。

05

一旦利益判斷有了充足的經驗，就形成了規則判斷。什麼叫規則判斷呢？這個世界，一切規則都意味著不公平。沒有規則就沒有公正，但任何規則本身又意味著對其他類型的公正的蔑視。

舉例來說，某地舉行西瓜大賽，組委會討論賽事的評選標準，請瓜農們發表意見。老張說：「西瓜大賽嘛，當然要以西瓜的大小來作為標準。我家的西瓜最大，冠軍應該歸我。」老王說：「西瓜是用來吃的，要以甜度作為標準。我種的西瓜最甜，冠軍應該是我。」老李說：「現在是什麼時代？是標準化時代！凡事講究標準化。我家的西瓜大小、形狀一致，是世界上最完美的西瓜，所以冠軍是我才對。」老趙說：「各位，我給你們上堂農耕課吧。農作物講究的是什麼？是產量！我種植的西瓜田產量最高，冠軍當然要給我。」一個西瓜的衡量標準，大家有那麼多的意見，其實根本無法探討出結果，最後就是大吵一架。

06

人的智慧，只有經過規則判斷的洗禮，才能逐漸形成。而最終形成的，就是良好的價值判斷。

所謂價值判斷，實際上就是三觀中的價值觀。價值判斷有兩個層次，底層是我們從小被老師和家長耳提面命的是非善惡的辨析，也就是是非判斷。絕大多數人，在大是大非上都能明確分辨的，都知道銀行的錢不能隨便拿，敢拿就會被請去吃牢飯。

但老實說，有些人在是非判斷上是糊塗的。他們之所以不衝入銀行搶錢，是因為害怕被抓到。這些人所謂的是非判斷，只是出於對後果的恐懼，並非源自思維上的明確認知。

他們最容易犯的錯誤，是將規則判斷與是非判斷混淆。把透過規則判斷獲得的商業機會視為鑽漏洞，認為人只有使壞才能賺到錢。這種認知甚至形成了流行語——「男人有錢就變壞，女人變壞就有錢」。

實際上，男人有錢與變壞並沒有直接關聯。沒錢也壞的男人也不少，只不過這類壞人通常會把自己偽裝成不公正社會下的犧牲品。

當有些人沉浸在自欺的快感中，把自己未能得到經濟自由的原因，曲解為自己人品太好、不夠壞，進而獲得心理平衡時，他們對是非及規則的判斷能力基本上就喪失了。

而這就意味著他們的智商降低了，連帶著價值判斷的下一個層次——先後次序的判斷能力也徹底喪失了。

07

一個人的智力，終究要落實在具體行動上。具體來說，就是先有了明確的是非判斷，知道哪些事情不可為，哪些事必須做。而後，是執行的先後次序。

比如，你能夠確信，爭取經濟自由的權利，只能來自個人的社會選擇與行為能力，而不能靠別人的施捨。這時候的你，就會著手於建立強大的自我。

強大的自我，第一步鐵定是形成自我學習能力。因為現實是複雜的，每一天的局面都與此前不同，沒有學習能力的人，就如同不會走路的蝸牛，只能在滾滾車流中艱難爬行——爬不遠，就會被碾壓成泥了。

養成學習能力的第一步，可以是讀書，或是向有想法、有見解的人求教。但如果你的是非判斷出了問題，認為獲得經濟自由的人都是大壞蛋，那麼你就會堅信「讀書無用論」，就會認為學習能力再強也沒有什麼用。

總之，**你的判斷力有多明確，你的智商就有多高，你的人生成就也就有多高。**

08

當我們意識到人與人的區別，就在於各自擁有不同層次的判斷力時，我們接下來就會知道該如何面對各種人。

對於沉溺於情緒判斷中的人，以寬容心態對待。永遠不和情緒化的人對抗、爭吵，他不懂事，你也不懂事嗎？他不理性，你也要情緒化嗎？唯有理性讓你強大、頭腦清晰，能幫助更多的人。

對於偏好判斷者，與情緒判斷者同等對待。其實，我們每個人都是偏好判斷者，只不過程度不同。我們能夠生存，得益於他人的包容。我們當然也應該以同等的態度，對待那些善良的包容者。

對於利益判斷者，要知道他們正處於成熟階段，這個狀態的人較極端，不要罵他們自私，給他們充足的機會，他們很快就會變得成熟、睿智起來。

向深諳規則判斷的人學習，這些人的特點是沉靜、愛微笑、和平，從他們身上哪怕多學到一點價值性思維，我們都算賺到了。

是非判斷是我們行為的依據，價值判斷則是我們的終極目標，前者告訴我們該做些什麼，後者告訴我們該如何做；前者教導我們做對的事情，後者告訴我們把事情做對。具備這二種，你就是個優秀的人。

最後補充一點，價值判斷基於常識，而情緒判斷與偏好判斷基於主觀立場。只要你具備了基本的常識能力，就能夠辨識真正的價值性判斷。獲得基本的價值判斷能力，就意味著智慧的成長與自由的展現。這個過程遠比你想像的更簡單，前提是你愛惜自己、熱愛自由，不要讓自己的人生被外部的力量操控。

如何避免愚昧無知地勤奮？

01

我跟幾個投資公司的老闆聊天時，他們分享了以前的一個事件。有個出身農家的年輕人，讀書時特別拼命，拼命的程度讓同學們都害怕。

他從來不出門玩樂，只埋頭讀書，經常一個多月不洗澡。後來，他為了研究，一個多月足不出戶，身上都有了霉味。最後，他研究出來一款非常奇特的產品。

這款產品是有龐大市場需求的。就是可以利用手機來控制所有的家電，包括電燈、電視、空調、微波爐和烤箱之類的。研發成功後，他才洗澡和刮鬍子，帶著試驗品拉贊助。投資人見到這款產品非常感興趣，但和他談著談著，投資人對商品反而沒那麼感興趣，接著問他：「我們這裡有產品經理的職缺，你要不要來試試？」年輕人聽到深感憤怒，他是打算自己搞研發和創業的，為何這些資本家只想讓他為他們工作。

這個年輕人，把知道的投資機構都拜訪過了。幾家投資機構的反應完全一樣，見到產品先是眼前一亮，聊著聊著就沒了興趣，最後不痛不癢地說了句：「你要不要來我們公司工作……」

最終，這個年輕人拿著他的產品，茫然地站在十字路口，他不懂為何付出了那麼多，卻還是得不到認可？

02

有些人在成長過程中，並沒有了解到商業市場的法則和規律，甚至是反商業主義者。這類人進入社會，當然無法融入。

除非你知道要成為一個什麼樣的人，否則你的努力不會奏效。沒有方法的努力，越勤奮反而可能距離目標越遠。以前，一位學家李約瑟去參觀一家染料廠，還沒進門，就聽見裡面傳出叮叮噹噹聲響。

進來一看，就見染料工人站在巨大的鐵鍋前，手執鐵棍，咬牙瞪眼，發狠地用力攪拌。攪拌的力氣極大，鐵棍撞擊鍋底，發出咣噹咣噹的聲響。

為什麼要用這麼大的力氣呢？李約瑟感到納悶地提問。染坊工人解釋：「製造染料呢，一定要大力，一定要用鐵棍重重地撞擊鍋底，撞得越狠，聲音越響，染料的品質就越好。」這……李約瑟詫異地問：「這怪招，是誰教給你們的呀？」工人回答：「是上一代傳下來的。」李約瑟問：「你們的前輩有沒有告訴你們，為什麼製造染料時要用鐵棍大力撞擊鍋底？為什麼呀？」工人樂了：「我們怎麼會知道，老一代的怎麼說，我們就怎麼做。」李約瑟說：「你們呀，動動腦筋問一句『為什麼』會死嗎？我來告訴你們吧！要製造出好染料，根本不需要你們那麼賣力，只要在大鍋裡放些鐵屑，染料的品質保證比以前更好。」「真的嗎？」工人不信，試驗了一下，找一個未用力攪拌過的大鍋，往裡面撒點鐵屑，等染料成品出來一看，果然品質比以前的更好，怎麼會這樣？工人驚呆了。

李約瑟冷笑道：「只知道死腦筋地苦做，卻絲毫不動腦袋！你們用鐵棍撞擊鍋底，就是要從鍋底撞出鐵屑來。你們製造染料，也正如你們的人生，需要的不是死賣力，而是動腦筋！」這件事，時間很久遠了。但許多人，仍然沒學會動腦子。所以別忘了動動腦子吧！這樣才能避免愚昧無知地賣力苦做，才能獲得真正的成功。

03

哪些人天生就能適應商業社會，哪些人卻比較難融入呢？先說商業社會的特點是什麼，一個字——賣！

有些人一看到這個「賣」字，就特別反感，這些人肯定不是能適應商業社會的人，那我們換個委婉的說法就是「交換」！

商業社會最大的特點就是交換。商業社會就是這樣一個殘酷的世界，每個人必須有自己的產品，這些產品對別人來說必須有價值，有價值才能夠遇到買主，才能夠換回你需要的生存資源。

人類社會用來交換的產品，有五個層次：

第一層是身體

這是成本最低的產品，所以最受到大眾排斥。但你會發現，大眾一邊排斥他人的身體交換，一邊對顏值趨之若鶩。你若能搞懂這種矛盾的現實，也就瞭解了人心、人性。

第二層是體力交換

這類產品是人人都有的，所以價格很難漲上來。除非整個社會富裕了，人力值錢了，這類產品的價格才會水漲船高。

第三層是實用型產品

諸如農產品、電子產品、金融產品等。這些產品是社會化生產的成果，只有經營者才能夠從中獲利，拿薪水的我們是無利可圖的。

第四層是平台產品

就是用來生產具體產品的組織結構，這類產品難度更高。

第五層是智慧型產品

雖然現在有文化產業，甚至還有智慧產業，但真正能夠滿足大眾需求的，少之又少。

你會發現，身體交易是不被允許的，然而靠體力又賣不了多少錢，其餘的距離又有點遙遠。人類創造了商業社會，但只有極少數人適合這個世界。

那麼，有沒有一個世界，能讓絕大多數人都安之若素呢？答案是沒有！維繫人類這個群體的，只有三條紐帶：暴力、財富與智慧。

暴力社會只有極少數人獲益，財富社會則會讓相當數量的人獲益，甚至能讓所有人受益。至於智慧社會，在人類進入下一個進化環節之前，這事就別指望了。這就是說，以交換為特徵的商業社會，是人類最不差的選擇。最不差的意思是，商業社會並不是好社會，太多人無法適應，這個社會裡充滿痛苦。但若不選擇它，就只能得到一個更壞的暴力社會。兩壞相權，只能挑個相對不悲慘的。重複一遍，商業社會並不是個好社會，但如果你拒絕它，就只能得到更恐怖的暴力世界。

04

只有具備商業潛質的人，才能適應商業社會。只要你具備商業潛質，不管在哪一層，鐵定都能層層提升。商業社會如水，具備商業潛質的人是木頭，自然就會浮在水面上。

你必須成為一個商業交換者。能夠在商業社會如魚得水的，他們會知道什麼東西可以用來交換，知道交換的價碼，懂得交換對象的心理，擅長交換模式的談判。只有具備這些能力，才有資格稱為交換者。

你如果覺得做到這一點並不難，那你就錯了！人類的天性，是極端厭惡交換的。麻省理工學院的教授丹艾瑞裡曾做過一個實驗，課堂上，他拿來一大疊信封說：「同學們，你們所有人都將得到一個信封，有的信封是空的，有的信封裡邊有張球賽門票。有人將得到門票，有人什麼也沒有，就看你們的運氣了。」

然後，他隨機分發信封。果然，有的學生拿到空信封，有的則得到了一張球賽門票。

然後，艾瑞裡說：「現在，你們這些有門票的同學，把門票出售給沒有門票的同學。你希望賣多少錢？把價格寫在紙上。買門票的同學，你希望花多少錢買到？也把價格寫下來，然後交上來……」

交上來之後，艾瑞裡計算了一下：「賣門票的同學，平均售價是每張二千四百美元；買門票的同學，平均買價是每張一七〇美元。」一七〇比二四〇〇，這就是交易市場上買賣雙方的預期價格差距。

艾瑞裡的交易實驗，堪稱人類社會的縮影。買賣雙方心理差距太大，根本沒有交易的可能。只有交易者，才能夠在這種狀態下完成交易。

現在，我們回到本文的開頭。那個創業的年輕人，他苦研技術，但對商業社會的規律一無所知。他不知道，在商業社會裡，產品是沒有意義的，有意義的是人。

只有交易者，才能夠獲得這個社會的認可，才能夠把泥土賣出黃金價，才能夠把黃金以泥土價買進來，才能夠獲利。在你完成自我轉型之前，無論付出多少心血，也都賣不掉自己。反之，一旦你完成這個轉型，就會瞬間融入社會化大量生產，獲得成功。

05

艾瑞裡的實驗告訴我們，一個商業社會的適應者必然具有幾個特點：

一、不迷信暴力

他們知道人類的天性是喜歡囤積的，交易雙方之間存在著巨大的心理鴻溝。這只是人性，而非誰剝奪你或侵害你。你要做的是彌補雙方的心理落差，而非終止談判。

二、不拘泥固執

在排斥商業法則的非交易者心中，賣就意味著莫名的屈辱，他會給自己定下許多規則、原則，為交易設置障礙。而在商業者看來，交易就是交易，其它特意設置的障礙都沒有意義。

三、遇事不絕對肯定

交易者知道，這個世界是充滿不確定性的，人心更是不確定。而在排斥商業者眼裡，這世界固化不變。後者的心裡，充斥著一大堆的應該，應該這樣、應該那樣，偏偏不理會現實。

四、從不自以為是

交易者見多了人類的蠢，也見多了人類的聰明智慧，從不敢說自己是絕對正確的。而不適應商業社會的人，多半堅信自己的主張，為了一點雞毛蒜皮的小事，就誓死捍衛。

五、從不主觀臆測

交易者知道，人心起伏不定，博弈永不終止，每當你接受一個固化的現狀，下一步必然是全部翻盤。所以，他們從不把希望寄託在幻想上，而是以一種淡然的心態應對人生。

成功的商業者始終在做一件事：以微笑為掩護，同時摸清你的底價。而憤世嫉俗者，總是板著一張臭臉，好像全世界都欠了他。只是因為這類人的心中，難以容忍其它人。不接受這個商業社會的規律，也無法改變這個世界分毫。

你最重要的能力是什麼？

01

對大多數人來說，最重要的能力是什麼呢？按照蔡康永的觀點，最重要的能力是語言表達技巧。

蔡康永解釋說，你可能歌唱得好，可能舞跳得好，可能籃球打得好，也可能練了一身健美的肌肉，也可能是個數學家。

你肯定有點過人的本事，世道這麼亂，混到今天你還沒被淘汰，肯定是有一手的。可是，如果你想讓老闆幫你加薪，你要到老闆面前引吭高歌一曲呢，還是跳一首《小蘋果》？還是表現三步上籃，朝老闆的禿頭一巴掌拍下呢，還是脫到剩一條內褲，秀一秀你身上的肌肉和人魚線？又或是你給老闆演算一道數學題？

你若敢這麼做，鐵定已經進了精神病院。你唯一能用的技巧，就是對老闆說清楚：「老闆，我這麼拼命，你能幫我加薪嗎？」

對大多數人來說，最重要的能力是語言表達技巧。縱然你滿腹才華，但嘴巴又不如大腦靈活，那你的人生肯定感到鬱悶。語言表達技巧是情商的最直接表現。

有一類人，你和他們對話，讓你感到如沐春風。這就是心智高的表現，這類人能在不動聲色之間，讓你舒舒服服地把利益拱手相送。你如果有機會接觸到大企業的高層，就會遇到這種人。

但並不是每個人生下來就具備這種能力。如果你願意瞭解一點人性，語言表達能力就會逐漸成熟，從毒舌進化成人見人愛也不是不可能的。

02

人類的語言表達也是分層次、境界的。單以一個人的說話能力而論，總計是七個層次。你的語言表達能力在哪一層，你人生的事業多半也在這個層次。就算有偏差，遲早也會歸攏到你所在的位置。

許多朋友的語言表達能力不足，一個重要原因就是對語言表達的技巧缺乏認知。如果你知道什麼類型的語言是真正賦予你能力的，那麼你的語言表達技巧就不再是笨拙的老樣子。

語言能力的最低層，叫毒舌。這類人以不諳世事的年輕人居多，處於心智不成熟的狀態，還沒體會到語言會給對方造成多大的心理傷害。這類人也是批評大師，再完美的事情，他們也會絞盡腦汁地找出毛病來，故意找碴，從傷害對方的方式獲得成就感。

毒舌們喜歡發牢騷：「我的老闆有夠爛。」不管多少人提醒他，你的老闆是爛人，你在一個爛人手下做事，你豈不是更爛嗎？他也都無反省意識。

這是語言表達能力最差的一層，可以給個負三十分。處於這個層次的人，如果不知道反省，很快就會淪為商業時代的邊緣人。光是填飽肚子，對他們來說也是很艱難的事情。

03

語言表達的第二層，是喜歡說風涼話，貶損他人。

毒舌們不識好歹，把話說得難聽；而風涼者多了個心眼，選擇一個旁敲側擊的角度。無論是最直白的愚蠢毒舌，還是有心機地說風涼話，都很難為友共事，所以第二層的語言能力評分，只比毒舌高十分是負二十分。

在職場或交友上，若聽到傷人的話，被貶損的人免不了心裡受傷，而說這類話的人，也一樣不受歡迎。所以，聰明的人是不會讓這種情況發生在自己身邊的。

語言表達的第三層，倒是不像前兩類人那樣貶損傷害別人，而是沒完沒了地炫耀自己。這一層的語言能力，評分為負十分。

以前我在深圳，遇到一個怪人，一個四十多歲的中年男人，一身怪味又髒兮兮的，好像40多年沒洗過澡似的。當時大家一群人坐下來聊天，這人開始吹噓他多麼有女人緣，然後詳細地一個個舉例。聽他的口氣，好像全天下的女人都瞎了眼要倒貼他。大家枯坐了快兩個小時，他就從頭說到尾，竟然沒給別人說話的機會。

這個人，雖然已經四十多歲了，但他的心智年齡仍停留在六歲孩子的狀態，用表面的自大來掩飾內心深層的自卑，自制能力不是普通差，連七歲的孩子都比他強。

以上這三層人群，特點都是心智不夠成熟。他們是語言表達的下限，不說話還正常點，一開口就扣分。他們多數人隨著年齡的增長會進入第四層，從此止步不前，成為沉默的大多數。

04

第四層，就是習慣沉默。之所以沉默，只是因為他們嘴巴笨，不說話還好，一張嘴就會有反效果。這類人沒有能力傷害別人，也沒有能力保護自己。這一層人最多，他們的語言表達能力，評分為〇分。

語言表達的第五層，就是明知山有虎，偏要拍老虎屁股的馬屁一族。東晉時，有個叫桓玄的人，篡奪了帝位。篡位之後，他爬到龍床上去睡覺，不料咣噹一聲巨響，地面竟無故塌陷，桓玄陷了進去。這在當時是大大的凶兆，但是旁邊一個愛拍馬屁的大臣，立即歡呼起來：「哎喲喂呀，陛下的聖德太深厚了，連這大地都承載不了……」

科學研究證明，拍馬屁是合乎人性的。美國加州大學伯克利分校的研究人員堅信，人對馬屁是有明確的辨識能力的。感覺上，拍馬屁的效果應該是倒U形的，快感開始上升，但若是超過一個節點之後，效果就會減弱。於是，伯克利的學者設計了實驗，想要找到這個倒U的高點。

萬萬沒想到，學者們驚恐地發現，人們對馬屁的需求根本沒什麼高點，人心是個無底深淵，對馬屁的需求是無限的，無論你拍他多少馬屁，他都嫌不夠，還想要更多。這就是為什麼有些人拍馬屁的技巧拙劣至極，卻仍然能夠大行其道的原因。這一層次的人可以獲得十分，但這只是臉皮厚度的分數。

05

語言表達能力的第六層，不說「我」。

人們說話時，使用頻率最高的字眼就是「我」；人們最敏感的字，就是自己名字裡的字。人類的天性是以自我為中心的，大眾之所以喪失了語言表達能力，就是因為他們在說話時，不停地說「我我我」，但這類話大家都不愛聽。

一個人如果不說「我」，就會很容易地轉為以對方為中心來說話，這是一種極高情商的表現。

比如說，一個高情商的人去朋友家裡，朋友夫妻倆都在，恰好朋友的兒子帶著女友回來。這時候，高情商的人說了句話：「這孩子像他爸一樣，有眼光。」

一句話就誇到四個人。這種語言表達技巧，只有在放棄「我」的前提下，才有可能達到。因為有了技巧，這類人可以獲得二十分。

06

語言表達的最高境界，是語言中也說「我」，但是是以對方為中心。

比如，你對人說：「你聽懂我的意思了嗎？」這就是以自我為中心的表達，聽者多少有些不舒服。

相反，如果你說：「我有說清楚嗎？」這裡說到的「我」，是以對方為中心，將自己置於對方之下，就會一下子贏得對方的好感。

三國時的劉備是出了名的好為人下。這個「好為人下」不是說他見人就趴在人家腳下，而是他說話時，會將自己置於以對方為中心的語境中。同樣的話，從他嘴裡說出來，感覺就不一樣。

當時的曹操和諸葛亮，也同樣具有這種能力。什麼叫英雄？就是會說人話的人。最會說話的人，可以獲得三十分。無論你能力多弱，加上這三十分，就足夠了。

07

總結一下，人的語言表達能力分為七個層次：第一層是毒舌；第二層是貶損對方；第三層是炫耀自己；第四層是沉默的大多數；第五層是瞎拍馬屁；第六層是不說「我」；第七層是以對方為中心。

你可以看看自己在哪個層次上，你的語言表達能力在哪個層次，你的人生基本就在這個位置。想要突破，也不是不可能。但在語言表達能力達標之前，人生是很難繼續前行的。

主管提拔你，不是因為你夠努力

01

朋友圈裡有位大哥，肯吃苦又努力，因此被老闆相中，提拔為主管，薪水也提高，成為大家眼中的人生贏家。大家紛紛祝賀，但沒過多久，他就被資遣了。因為他底下的人不服他，各種明爭暗鬥，以前是朋友，現在成為對手。他始終無法適應，最終被打回原形。

02

老闆或主管提拔你，看的從來不是只有你的努力。那麼若不是努力，是什麼呢？

《三國演義》裡有個情節：曹操崛起，但西涼馬超不服。馬超的戰鬥力，位居《三國》前五名，總之很能打。曹操與馬超第一次交手，就被馬超打慘了，鬍子被割了，衣服也被扒光，光腳跑了一百二十公里才保住老命。曹操那時感覺自己死定了，就在這節骨眼上，馬超又有了幫手，西涼韓遂統帥前來，馬超原本領先的優勢，再次被加強了。萬萬沒想到，當曹操得知韓遂來時，放聲大笑起來。曹操說：「哈哈哈，馬超死定了。論單兵作戰，馬超能打贏我，但說到領導能力，哈哈哈，馬超會死得很慘。」於是曹操策馬出營，去找韓遂：「嗨，老韓在嗎？我們以前可是同事，好久不見了。」伸手不打笑臉人，曹操來套交情，韓遂也不好意思拿起刀就砍，同時也想了解曹操前來的用意，就打算先陪曹操聊天。

曹操關心地問：「嫂子減肥有沒有效果？我老婆那裡有超高級的保養品，哪天我拿一瓶給你……」說的全是這類雞毛蒜皮的事。

韓遂與曹操談笑風生，讓馬超好不緊張，就問：「老韓，你跟曹操都說了些什麼？」韓遂：「沒說什麼，就聊了我老婆減肥的事。」曹操關心你老婆減肥有沒有成功……你說我要不要相信呢？馬超心裡非常不安。

然後曹操又寫信給韓遂，但是曹操故意不好好寫，寫一段塗掉一段，弄得信紙上黑黑的，就這樣把信送去給韓遂了。馬超擔心韓遂和曹操串通，就要求看一下信上寫什麼。韓遂光明正大地把信拿給馬超，馬超看到信上的塗抹痕跡更加困惑問：「老韓，曹操這段是說了什麼？你為何塗掉不給我看？」韓遂解釋：「小馬，那是曹操自己塗的，不是我。」馬超急了：「曹操多精明啊，你說他把這種塗塗抹抹的草稿送來給你？你自己說，這謊話你信嗎？」韓遂很無奈：「隨你信或不信，反正我說的是實話。」最好是啦！馬超的劍拔出來了：「你竟然勾結曹操想害我，讓我砍了你！」馬超跟韓遂打了起來，曹操趁機率兵而入，西涼就這樣落入曹操手上，馬超無家可歸，被迫投奔劉備。

03

論單兵打架，馬超能打死十個曹操。論駕馭團隊的領導能力，一百個馬超也玩不過曹操。什麼叫駕馭團隊的領導能力呢？首先，團隊不是原本就存在的，而是擁有管理能力的人，自己打造出來的。

比如韓遂，他原本並不在曹操的團隊中，但經過曹操的手段，韓遂和馬超翻了臉，只好死心塌地跟著曹操，成為曹操團隊中的一員。

領導有兩層含義，一是督促，二是收攏。

督促的意思是說，天下團隊都是一樣的，只有夢想卻不執行，偷懶摸魚，所以管理者必須笑眯眯地利用考核、KPI（關鍵績效指標）等等督促團隊。員工們多少會不滿並大罵老闆黑心，但如果員工不罵老闆，就不算是好老闆了。

收攏的意思是，團隊中只有少部分的人會偷懶不做事，更多的人還是有能力和執行力的。但能力需要平台發揮，需要老闆的資源投入，才能留住人才，透過加薪和福利收攏能力者，幫老闆賺錢打江山。

總而言之，勞資博弈是一個長期波動的態勢，無論是勞方贏還是資方贏，都不是好事，只有雙方勢均力敵，才能保持社會活性。

04

從員工變成主管，必須要學會曹操的管理方法：

第一步：轉化

以前你和同事是平起平坐的，沒有誰的地位比較高。你們身處同一階層，共同對抗黑心老闆。但現在，你成為主管，收入飆升，就意味你的社會階層變了。

如果你不願意改變社會階層，覺得窮一輩子沒什麼不好，那最好不要做什麼主管。如果你不想窮一輩子，那就得在心態上徹底轉變過來。

第二步：觀察

還沒有成為主管之前，要學會觀察。人人都是平等的，但人與人又是有差別的。有些人可能成為你未來團隊中的一員，有些人可能不行，你心裡得有個底。

比如，為什麼曹操挑選韓遂加入自己的團隊，而不是馬超呢？因為韓遂有團隊意識，而馬超沒有。事實上，馬超投奔了西蜀之後，也未能融入劉備的團隊，馬超是個會跟團隊起衝突的人，所以你必須先把這些人找出來。

第三步：分化

找出那位可以在加入你團隊之後，就能馬上進入狀況並有所表現的人才。只要你跟曹操一樣，與對方建立起正向的互動。

第四步：整合

對於跟隨自己、成為團隊核心的人才，要大方給予獎勵。對於那些鑽牛角尖，不懂得團隊合作，只求自我表現的人，就必須請他離開你的團隊。到這步，你的團隊就已經建立起來了。

第五步：優化配置目標與資源

做了主管，你就知道什麼叫目標、什麼叫資源，什麼又叫二者的優化配置了。目標就是你要向老闆交差的任務，資源就是那些認真工作的員工。當你具備了優化配置目標與資源的眼光與能力，你就是可以成為高階主管的人了。

老闆若想要提拔你，看的從來不是努力。這句話是正確的，但也不完全正確。說這句話正確，那是因為老闆確實不會提拔只知道苦幹，卻沒有團隊領導能力的人。說這句話不對，是因為老闆要提拔你，一定是看中了你在團隊裡的努力付出。所以，努力有很多種，就像在幼稚園時期的努力是努力學會聽話，成年人的努力是努力打破陳規、接受挑戰。**成長就意味著對此前人生的背叛與顛覆，如果沒有這個認知，人生就會停滯不前。**

如何戰勝比你強的人

01

有一個影片，看了之後讓我感到很震撼。影片的開頭，一隻大大的海鷗正在幸福地進食，動作很悠哉。旁邊有隻鴨子，看上去很驚恐的樣子。影片解說道：「這隻海鷗，當著鴨媽媽的面，吞食了一隻小鴨，鴨媽媽無力抗爭，束爪無策。為了保護其餘的小鴨，鴨媽帶著孩子們逃到水上，但海鷗仍想繼續追擊，一個漂亮的俯衝，就快要再吃到一隻小鴨了。

弱小的鴨媽媽，迎著海鷗衝上去，不知是用扁嘴巴叼住，還是用了爪子，總之擋住了海鷗。鴨媽媽體形小，海鷗體形大，雙方在水面上展開了搏殺，最終，海鷗也未能擺脫鴨媽媽的控制，被拖入水中，活活溺死，小鴨們才終於安全。」

02

小時候，我讀過一個戰勝強者的故事。

故事發生在很久之前，那時大家還沒有報警意識，遇到事情便習慣自己動手解決，誰更狠誰就贏了。故事主角是個女孩，幼年父母即過世，跟著哥哥一起長大。哥哥沒本事、沒出息、沒力氣、沒錢、沒地位而被人鄙視。女孩也因為哥哥而感到丟臉，因此女孩非常努力學習，希望能考上好大學，才能徹底和哥哥脫離關係。

有天女孩放學後，被幾個流氓搭訕，眼看要被侵犯了，幸虧鄰居大哥出現，大聲喝斥後趕走了流氓，救了女孩。鄰居是位好勇鬥狠的黑道，被解救的女孩很感激他。此後又有幾次類似的事清發生，鄰居大哥就邀請女孩到他家中坐坐，女孩就去了，大哥就講起自己在道上多麼風光，然後又開始講男女情事，一邊講、一邊拉起女孩的手，等到女孩感覺不對時，大哥已經把她壓在床上。恐懼的女孩這才驚覺，原本先前搭訕她的那些小流氓，其實都是這位大哥安排的。

03

眼看就要被糟蹋了，突然間哐啷一聲，哥哥衝了進來，朝大哥頭上揍了一拳。原來，哥哥早就發現壞人在打妹妹的主意，可是妹妹瞧不起他，他說了她也不聽，只好在一旁盯著。當大哥把妹妹騙進自己家，哥哥就悄悄跟在後面，看到大哥要侵犯妹妹時，他立即衝出來解救。

可是哥哥太弱了，一拳打在大哥頭上，大哥根本不痛不癢。這時大哥跳起來，一腳就把哥哥踢飛出去。接著大哥一頓拳打腳踢，打得哥哥滿臉是血。然後大哥腳踩哥哥的腦袋說：「你妹妹是老子的女人了，你要是識相，就滾一邊去，不然就打死你！」妹妹嚇得瑟瑟發抖，只知大哥勢力大，自己這輩子徹底毀了。

04

然而哥哥並沒有放棄，只要大哥落單，哥哥就會悄然出現在他的身後，手持磚塊用力敲下，砰的一聲大哥腦袋開了花。突然被爆頭的大哥，氣到發瘋，回過頭來抓住哥哥往死裡打，當場把哥哥的一條腿打斷了，兩人一起被送入醫院。但在醫院裡，大哥頭上的繃帶還沒包紮好，拖著斷腿的哥哥，手拿木棍再次出現，砰的一下又朝大哥頭上敲下去，大哥衝過去想打斷哥哥的另一條腿，卻被醫生拉住了。

雙方互相鬥毆的情況持續了約半年，之後的一天，女孩正在家中看書，備備考大學，哥哥拖著斷腿煮飯。忽然間大哥進來了，見到大哥，哥哥立即拿起菜刀，一瘸一拐地衝上來，卻聽到咚的一聲，大哥跪下求和。跪下的大哥高舉一包點心說：「哥，我服了你，都打了半年了，你還是不放棄，我若是把你打死，怕下半輩子也都要在牢裡度過了。我不敢打死你，但你是真的想打死我，打死我，你妹妹就安全了，都怪我眼睛瞎了才敢惹你，求求你別打了，我們停戰吧，以後我要是再敢欺負你妹妹，我就不是人！」

從此雙方休戰，恢復了鄰居間的和睦友善，再也沒人敢欺負女孩了。而這時候她才知道，哥哥雖然體弱沒出息，但在該挺身守護妹妹時，展現出來的決心與勇氣，足以讓天地動容。

這是你的人生，不必為了討好誰

01

國中的老師名叫松子，帶學生們去校外教學旅行。到了一家旅館入住，學生中有個小偷叫洋一，他偷走了旅館老闆的錢，恰好被松子看到了。松子約談洋一：「洋一，承認是你偷的吧，承認錯誤，才是真正的好孩子。」「去死！」洋一矢口否認。沒辦法，松子自己去找旅店老闆：「不好意思，錢是我學生偷的，我會全數還給你。但為了孩子們的未來，希望你不要報警也不要告訴其它人。」老闆搖頭：「偷東西可不是什麼小事，你為什麼要替小偷遮掩？我要那個小偷，當面向我道歉。」松子為難了，她知道洋一是絕對不會道歉的，她該怎麼保護洋一呢？

有了，松子一咬牙：「不好意思老闆，實際上錢是我偷的，我向你道歉，把錢還給你，請你不要追究了，好嗎？」松子把罪攬到自己身上，替洋一擺脫了困境。回到學校，洋一立即向校長舉報：「報告校長，松子老師是小偷，她偷了旅館老闆的錢，還企圖誣賴我。」校長查證後確為事實，松子老師的確親口向旅館老闆承認自己是小偷的，那也只能開除了。

以上這段故事情節，出自電影《被嫌棄的松子的一生》。松子就是這樣的人，遇到別人有難，就急忙攬到自己身上，結果反而使自己被所有人嫌棄。

02

作家林語堂說：「我愛芸娘，她是世間最美的姑娘。」芸娘是誰？芸娘是清朝時的一個姑娘，與書生沈復是表姐弟，在長輩主持下，兩人結為夫婦。婚後，兩人的生活非常甜蜜。但是有一個問題，芸娘特別喜歡當濫好人，攬了一身吃力不討好的事。沈復的父親想找個小三，但又怕被老婆打，就來找兒媳婦芸娘：「善良的兒媳婦，幫可憐的公公這個忙吧，我只是要找一個小三而已，只要一個。」芸娘立即把事攬了下來，東奔西跑的替公公找了個小三。猜猜看，婆婆知道後會是什麼態度？不臭罵她才怪！接著，小叔也來找芸娘

03

了：「善良的嫂嫂，我想借筆錢去創業，但是沒有擔保人。」芸娘站出來，很有義氣的說：「這筆債務我來擔保，若小叔不還錢，你們儘管來找我！」有了嫂子做擔保，小叔拿到錢，只顧著尋花問柳，過著一段糜爛的人生。錢花完了，債主來要錢，小叔笑道：「我憑本事借來的錢，憑什麼要還？想要錢，去找擔保人啊。」債主來找芸娘要錢，芸娘傻眼了，她根本就沒錢。

事情鬧大了，公公聽到也怒了，問芸娘是怎麼回事，芸娘把小叔借錢的事說了一遍。公公不信，叫兒子來質問，小叔無辜地噘著嘴：「讓嫂子擔保借錢？沒有啊，我每天都閉門苦讀聖賢書。我這麼善良，不懂為何嫂嫂要誣陷我。」公公仰天長歎：「芸娘你竟敢騙我，在外邊勾引野男人，幹了什麼壞事，欠了債反過誣陷我那善良的兒子，太無恥了！趕出門去！」在古代，公婆有權把兒媳婦趕走，而不需要徵詢兒子的意見。芸娘流落街頭，內心悲憤莫名：「為什麼？我好心好意幫助你們，你們卻反過來陷害我？」

這段故事，出自名著《浮生六記》，是一段真實的歷史。

松子和《浮生六記》中的芸娘，都是極為典型的討好型人格。討好型人格的人，個性較為自卑。被討好型人格困擾的人，都想知道要如何解決這個痛苦。

第一，討好型人格，任何一個心理諮詢師都會開出同樣的藥方：強化自我人格，守住自己的界線，增強自我的自信，勇敢說「不」，你的討好型人格就能不藥而癒。

正如一個教練鼓勵雙腿被截肢的人：「跑起來很簡單，只要你跟所有人一樣，跳起來、甩開輪椅、用力狂奔，就能夠成為長跑冠軍。」聽起來很振奮人心，但從沒有哪個殘疾人，聽了這話就能立即站起來跑的。

第二，討好型人格，會表現出為典型的失智行為。小偷洋一為什麼不肯承認偷竊？因為承認偷竊，就要付出代價。小偷都知道承認偷竊會付出代價，作為老師的松子竟不知道。當松子替學生揹下黑鍋，她的教師生涯就已經結束了。任何一所學校，都不可能任用一個小偷當老師。

芸娘更誇張，她替公公找小三，沒有顧及婆婆的看法。她什麼錢也沒有，就敢替小叔做擔保。這種不理智的盲目行為，又是如何產生的呢？

第三，不理智的行為是生理驅動，而非心理選擇。一個賭徒，當他走入賭場時，其實知道自己正步入毀滅，但是他無法自制，因為看到賭或是聽到賭，他的大腦就會分泌多巴胺，讓他感受到極致的愉悅和幸福。但如果他不賭博，大腦就會對他實施懲罰，分泌出讓他心煩意亂的梅拉多寧。

討好型人格，都曾經歷過幼年的奴化訓練。不討好別人就會被懲罰，主動討好就會有獎勵。這種訓練從生理上扭曲了一個人，當他們討好別人時，就會獲得多巴胺獎勵，而不去做的話，就會遭受生理上的懲罰。

就這樣，討好別人成為他們的本能。而本能，必然是不理智的。

第四，生理現象只能覆蓋，不能消除。思維無法控制生理現象，就像內急也一定要去洗手間。如果你不去，不是尿在褲子上，就是憋到膀胱生病。

只要找到能夠讓大腦分泌更大劑量多巴胺的行為，無論是賭博還是討好，都會被覆蓋。猶如高中生不會再玩幼稚園的遊戲，不是高中生有智慧了，而是新的遊戲更好玩。

第五，終極的治療方案——做個壞人。討好別人能夠帶來快感，懲罰也一樣。如果松子想做個懲罰型老師，發現洋一偷竊，就立即尋求懲罰方案。松子可以立即打電話給校長，要求校長親自處理。校長肯定不可能來現場，所以只能報警，讓洋一被警察帶回去調查。這時候的松子，也會感受到懲戒別人的快樂。讓壞人變成好人的唯一辦法，是讓他們遇到更壞的人。

最後，你有討好型人格的表現嗎？為了討好別人，你付出了怎樣的代價？又替別人承擔了什麼後果？答案不重要，如何思考才重要。擁有討好型人格的人都有著殘破不堪的靈魂，心中積著許多難以啟齒的往事。沒有人能夠改變過去，但是我們可以塑造未來。當我們學會從生理上調整自己，就能夠從心理的認知上修正外部世界。

你怎麼能窮得心安理得？

01

美國一位女博士芭芭拉，曾深入基層，想研究底層勞工貧困的原因。她發現，美國的窮人並不是賺不到錢，在美國的工作機會眾多。只不過，如果賺到了錢，美國窮人就會到餐廳，享用一頓昂貴的龍蝦大餐，又或是買台大螢幕電視，或是購買「效果可疑」的昂貴化妝保養品。

總之他們就是要把錢花掉，卻不肯預留下房租的錢，結果被房東趕出門。芭芭拉引述了一位貧窮大哥的話：「我有權利過好日子，我有權利安排自己的人生。老是吃同樣東西會膩，我從小就一直吃熱狗，我受夠了！我的人生應該吃龍蝦，我為什麼不能吃龍蝦？我就是要吃龍蝦！」這位大哥，一領到錢就會狂吃龍蝦大餐，然後卻被房東趕出去。芭芭拉替他解釋：「窮人的首要目標，是生活要過得爽快而不是脫貧！」一個人處在貧困之中，或老是賺不到錢，那是由你某種固定生活方式所決定的。你如果想改變命運，首先要改變這種生活方式。怎麼樣才能改變自己的生活方式呢？可以跟逃離老師學一下。

02

逃離師，就是當你遭遇家暴時，教你怎麼逃跑的導師。

家暴是極普遍的社會現象。在美國，每四個女人，就有一個被家暴。如果再加上被妻子家暴的老公，家暴率則更為驚人。

陷入家暴問題的人，無論男女，都在苦苦哀求外界的援助。然而，外人一旦伸出援手，就上當了。被家暴的人會立即站到施暴者身邊，對伸出援手的人惡言相向：「這是我們兩個人的事，不用你管！你不安好心，想拆散我們一家人。」

被家暴的人，之所以反過來抵抗救援他的人，只是因為他陷入了一種固化的生活方式之中。正如美國女博士看到的窮人陷入「龍蝦誘惑」中，你自己都捨不得吃龍蝦，但把錢借給他，他仍會不停地吃龍蝦，吃到你崩潰為止。

所以不論貧窮也好、家暴也罷，必須要靠自己逃離出來，逃離師會教你逃出來的方法。

第一步，偷偷去銀行開個帳戶，把提款卡藏在只有你才能找到的地方。為什麼要偷偷開帳戶呢？因為大部分被家暴的人，基本上經濟都被對方控制了。施暴者不允許你身上有錢，就是怕你逃掉，讓他失去肆意施暴的玩物。所以你要偷偷地開個帳戶，不在對方控制之內，也不要下載這家銀行的ＡＰＰ，否則對方一查你的手機看到了，仍逃不了一陣毒打，最後屈打成招就逃不了了。

第二步，把對方不知道的錢，偷偷存在這個帳戶裡。朋友給的紅包、公司的獎金，都存到裡面。還有些家裡不用的東西，可以偷偷賣掉，然後把錢存進來。扶貧行業有個詞叫「返貧」，而家暴案件中也有同樣的現象，稱為「返暴」，就是逃離家暴環境的人，心裡會有一股巨大的衝動，非常渴望回到暴力環境中。想回去的理由千奇百怪，但根本的原因是沒有錢。現在你有了錢，就有了逃離的希望。

第三步，偷偷買支新手機，保持充足的電量。所有的家暴案件，都發生在密閉空間裡。施暴者不僅會對你實施經濟控制，還會切斷你與外界的所有聯絡。被家暴者基本上沒有辦法與父母和朋友聯繫，手機更是被施暴者經常檢查，所以你需要建立一條新的聯絡管道，才有可能躲過對方的監視。

一旦你與外界建立聯繫，就意味著封閉的空間被打開了。陽光之下，會讓暴力者的醜陋形象曝光，也會讓你獲得逃離的勇氣。

第四步，隨時準備離開。準備一個大袋子，告訴對你施暴的人，這是準備賣掉的垃圾。然後把你準備帶走的東西，全部放進去。注意，施暴者是非常有警覺心的，智力極高，他們會隨時防範著他的獵物逃脫，所以會經常檢查這個袋子，所以袋子裡一開始要放要被扔掉的物品，之後再替換成你的物品。

第五步，脫逃。逃走時不要告訴任何人，無論是誰，都有可能在不知情的情況下，將你的行蹤洩露給施暴者，哪怕是父母或員警。一旦你逃走，施暴者會惱羞成怒。因為他不確定自己是不是還能捉到第二隻像你這樣溫馴的獵物，可以讓他肆意傷害也不會還手。施暴者不會任你脫逃，而是會上天入地去尋找你，因此你必須要逃到施暴者找不到的地方，甚至是你自己都想不到的地方，比如一座海濱小城，你用準備好的錢租個房子，再找份工作，漸漸融入當地的生活。

剛開始時你會很痛苦，所有的不習慣，都會讓你緬懷被人施暴時的「美好時光」，你會幻想對方也許變好了、也許不再暴力了。如果你可以撐過去，慢慢地習慣了新生活，再回顧從前，會詫異當時的自己，怎麼會那麼愚蠢。

當你有了新的人生，新的人際關係，重新建立自己的認知，你會發現，其實你也是個有資格享受幸福生活的正常人。

03

逃離貧困，一如逃離家暴。也是遵循同樣的流程：

第一，幫自己開一個「逃脫貧困帳戶」。開個銀行帳戶，存入裡面的錢，只用在創業或改變命運上，日常消費不可動用。

第二，把收入分成兩份，一份用來維持日常生活，一份存入「逃脫貧困帳戶」。

第三，建立新的人際關係。如果你仍貧困，那麼你一定是處於某個「不賺錢」的圈子裡。你必須為自己建立一個新的商業人際網路，主動結識那些會賺錢的人，這個過程並不容易，但還是要踏出第一步，才有機會改變我們命運。

第四，來一場說走就走的旅行。不會賺錢的人，就算是說走就走，也不過是換個地方花錢。而一個沒有「逃脫貧困帳戶」的人，所有的錢都花在日常生活中，用來購買爽快，一般情況下想走也走不了。只有當你決意逃離貧困，建立起逃離貧困帳戶時，才有可能擴大自己的認知圈，去理解那些會賺錢的人的方法。

第五，逃離。封鎖那些只想耍廢的朋友，不管你們以前的關係是多麼親近。有的朋友自己不想要上進，也見不得你擁有上進和改變的決心。必須要和這類人一刀兩斷，才不會讓他們的頹廢觀念持續地腐蝕你。

初次從頹廢圈中逃離的人，也會像從家暴中逃出來的人，有一種巨大的失落感，感覺「以前那種生活也沒什麼不好」，其實並不是以前的生活好，而是新的人生之路太難了。這就是許多人逃不出家暴，或是逃不出貧困的原因。擺脫舊的習慣容易，建立新的習慣難，你只有明白這個道理，煩亂的心才會平靜下來，才會在一個持續的週期之內，給自己一個更好的答案。

CHAPTER 3
洞悉人性

如何成為一個受歡迎的人？

01

有個笑話，一對夫妻整天爭吵，丈夫受不了了，站在窗前眺望外面的道路，見到一輛馬車經過，就感嘆說：「老婆，生活如同是那輛車，我們夫妻如同那兩匹拉車的馬，讓我們放棄爭吵，培養默契走下去吧。」妻子冷冰冰地回：「不可能！」丈夫：「為何不可能？」妻子：「因為我們兩個之間有一頭是笨驢子！」丈夫：「……」

這個笑話讓我們了解，確實有這樣的人，個性固執、倔強又任性，讓人很難和他相處。有些人抱怨壓力大，認為生活充滿痛苦，這壓力和痛苦，也是來自與他人相處的困難。善於與他人相處者，是沒什麼壓力和痛苦的，每天都能感受到快樂。

為什麼有些人善於交際，有些人在人際上卻備感痛苦呢？有一部美劇《黑帆》，這部劇充滿了暗黑的負能量，《黑帆》深度探討了人性的脆弱與頑固，在打開暗黑心靈盒子的同時，讓我們領悟到了人類社會嚴酷的生存法則。

故事從一個叫西爾弗的乘客的經歷展開，他在航行中遭遇海盜襲擊，於是他喬裝成廚師混入海盜陣營。多次險死生還後，他和海盜船長弗林特同時被海盜船員廢黜。兩人不受海盜歡迎，等到船隨便靠近一座孤島，海盜們就打算將他們驅逐下船，讓他們自生自滅。

這時，被廢黜的船長弗林特對西爾弗說：「你聽著，最多不超過兩天，我就會奪回船長之位。而你，如果不趕快想個方法融入海盜團隊，我保證你會死得很難看。」啊，海盜團隊也需要融入嗎？西爾弗很困惑，能否讓這些海盜接納他，竟成了一場生死考驗。

02

怎樣才能迅速融入海盜團隊呢？西爾弗行動了。海盜們吃飯的時候，西爾弗拿了個筆記本，走到甲板上用力跺了兩下腳，大聲宣佈：「活動開始了，今天的天氣，晴，西南風。今天我們船上有位兄弟，他有件超好笑的糗事，他的名字就是……」還沒等西爾弗說完，被提到名字的海盜就激動地大吼，衝上來猛地一拳，打得西爾弗癱在甲板上，爬都爬不動。海盜船長弗林特詫異地看著這一幕，問西爾弗：「你幹嘛想不開，要自己找死？」西爾弗痛苦地回答：「我是要努力融入團隊啊……」船長弗林特說：「你這哪是融入團隊，明明是活膩了。」

這一天過去了，第二天，又到了海盜們吃飯的時候，西爾弗腫著一張臉，拿著他的筆記本，又走到甲板上，大聲宣佈：「今天的活動開始了。」接著，跺兩下腳，開始念日記：「今天的天氣，晴，東北風。今天船上又有位兄弟，他有件超好笑的糗事，他的名字就是……」被叫到名字的海盜怒吼衝過來，又一次把西爾弗打趴了。西爾弗在甲板上艱難地爬呀爬，怎麼看都不像在試著融入團隊的樣子。

第三天，海盜們吃飯的時候，西爾弗拖著渾身傷的軀體，艱難地走到甲板上宣佈：「今天的活動開始了。」然後開始念他的日記：「今天的天氣，晴，西北風。今天船上又有位兄弟，他有件超好玩的糗事，他就是……」被念到名字的海盜火了，準備衝過來揍西爾弗，這時候有幾個海盜攔住了他說：「哈哈哈，今天丟人現眼的是你呀，有什麼有趣的事，快讓我們聽聽，也讓兄弟們開心開心……」結果，這一天西爾弗沒有挨揍，次日也沒有。這個奇怪的活動持續了一段時間。等到被廢黜的海盜船長以暗黑心理戰術奪回船長寶座後，每到吃飯的時候，海盜們就期待著西爾弗出來，好奇地問：「今天又是哪位兄弟丟臉呀？好期待……」等到西爾弗出來，宣佈活動開始，並用力跺腳時，所有的海盜本能地一起跺腳。這個毫無意義的動作，竟然成了船上的重大儀式。西爾弗就這樣獲得了海盜們的認可。不久，他成了海盜們最信任的人，就連海盜船長弗林特都必須得到他的支持。

03

海盜西爾弗的做法，是典型的「美式愚公移山」。雖然海盜們對他的厭惡如山一樣沉重，但他為了活命，對海盜們強行灌輸他的虛構儀式，最終改變了海盜們的習慣，改變了船上的人際生態，讓他的存在成了船上生活的一部分。

海盜西爾弗成功了，雖然挨了不少打，但他最終融入了團隊。要成為西爾弗那樣受歡迎的人，而不是一味地堅持自我，無視別人的存在價值，最終遭到團隊的無情否定，被排擠到邊緣地帶，這是我們每個人的努力方向。

有個詞叫存在感，什麼是存在感呢？美國心理學家馬斯洛分析說，人類最底層的需求是基本的生存需求，就是要吃飽不能挨餓。第二層的需求是安全感，不希望生命受到威脅，或是飄忽不定。第三層的需求是歸屬感。第四層的需求就是存在感，也就是讓他人尊重和認同自己的價值與存在。

從小時候起，我們就在體悟獲得存在感的方法。有的孩子努力變乖，希望父母誇獎自己而獲得存在感。有的屁孩反其道而行，專門搗蛋找麻煩，透過被父母管教和責罵而獲得存在感。所以，心理學家建議，要多多關愛較調皮的孩子，以免他們用錯方式來得到存在感。

孩子調皮的問題還不大，若成年了還一味地製造麻煩，就有可能成為社會的問題。成年人都知道，在職場裡想要獲得存在感，被團隊認同的唯一方法就是——你必須先行賦予別人存在感，別人才會承認你的價值。

所謂價值，就是能夠讓別人獲得存在的意義。不能給予別人存在感的人，是無價值的。

04

讓別人獲得存在感的方式，被稱為教養。

第一，不做惹人討厭的事，不違背職場基本規則，不用心機來對待同事，不說傷他人自尊的話。《黑帆》中西爾弗的方法，適用於沒有利益關係的交際圈，不適用於層級分明的職場。

第二，要知道別人的難處，尊重別人的努力。別人的工作表現也許在你眼裡非常不以為然，但你的工作表現在別人眼裡也許也是如此。完美只在想像中存在，現實是不完美的，你可以苛責自己，但切勿苛責他人。

第三，學會傾聽。這個世界上，每個人都急切地想要發表意見。雖然大多數人的意見只是情緒性地宣洩，但心理學告訴我們，一個人的廢話說得越多，就越感到快樂。傾聽時凝視對方的眼睛，不要分心，你會因為讓別人感到快樂而處處受到歡迎。

第四，學會克制自己的衝動，更要尊重對方的情緒。所謂溝通，內容不重要，重要的是安撫對方的情緒。大家都是成年人，沒有多少人會愚笨到需要聽你的教誨。之所以要溝通，只是因為對方的存在價值未被滿足，所以才需要你給予正式的認可。

上述這些大道理，你可以在任何地方看到、讀到，但仍然有許多人做不到。為什麼呢？因為，自視過高是人類的天性，無視他人則是本能。要跨越人性的藩籬，抵達美好的預期，就必須尊重他人的天性，克制自我的本能，這需要透過人生的智慧來慢慢達到和體會。

哪種類型的人最不受歡迎？

01

有一次與朋友聊天，聊到什麼樣的人最不討人喜歡、最惹人厭。有個在國營事業當主管的朋友，分享了一個故事。

他有個同事，說話時必定會這樣開頭：「不對，你錯了，事情是這樣的……」這句口頭禪，他一天要說無數遍。不管是正式場合還是私底下，只要他要說話，必然會這麼開口。第一次聽他這麼說的人，會停下來聽他解釋自己錯在哪，但是他說了半天，明明表達的跟人家一模一樣，代表別人根本沒錯，他只是習慣一開口就先否定人。

為此，主管很認真地找該同事談：「人們對否定性的評價是非常敏感的，我們說話時，一定要注意一下，千萬別開口就說『不對，你錯了』……」他的話還沒說完，同事就搶話回他：「不對，你錯了，人不是對否定性評價敏感，而是對否定性的言論難以接受，所以說話時要注意……」他當時差點沒氣歪說：「你說的不跟我說的一樣嗎？為什麼是我錯？」同事回：「不對，你錯了，我們說的不一樣……」

朋友說，這個人就是這樣，哪怕只是簡單地重複你的一句話，也一定會說：「不對，你錯了……」不知道他是如何養成這種奇怪的說話方式的，但他得為自己的壞毛病負責。這位習慣否定別人的同事，最終難以晉升也沒什麼同事願意和他共事。

02

毫無理由地否定別人，這就讓人相當討厭、無法容忍。在毫無意義的事情上計較，這樣的人普遍存在。他們不懂在人際交往中，最怕的是毫無理由地否定別人，注重那無意義的小細節。這類爭執，無論是輸或贏，都不會帶來結果。

人生有許多事情，根本無關對錯。許多所謂的對錯，其實只是不同的生活方式而已。人類的生活，無外乎五個日常領域：

03

第一部分是情感生活。情感生活是沒有是非的，更無須計較對錯。我愛你就是愛了，不愛就是不愛了。在情感生活裡，一切行為都被賦予了顛覆性解讀，如果有誰非要在情感上講規矩，那就是自找沒趣。

第二部分是個人習慣偏好。你喜歡吃甜的，他喜歡吃鹹的，大家分開吃就好了。同居生活中最忌諱把自己的習慣強加於對方，或是強迫對方糾正某種習慣，凡是這樣做的，生活多半會搞到雞飛狗跳。

第三部分是價值認知。每個人的習慣不同，生活目標不同，人與人真正的分歧就在這裡。所以，是非計較完全沒必要，要尊重彼此的價值認知。

第四部分是日常生活規範。比如使用電器後要關閉，過馬路要走斑馬線，這是常識，但也不是絕對的。

第五部分是道德和法律的界線。做人不能沒有底線，做事不能不講道德，闖過道德紅線，前面就是法律；闖過法律紅線，前面就是監獄。這裡的是非對錯非常明顯。

舉凡在不該論輸贏的地方與人認真計較，必定是腦袋進水的表現。遇到這類人，該怎麼對付呢？

很簡單，第一，你要看一下自己的朋友圈，是不是素質不太高。朋友圈的水準代表著一個人的見識、人生成就與視野高度。朋友圈中有一、兩個怪人，不是你的錯；但如果這類人比較多，那有問題的，很可能就不只是他們了。

第二，一個巴掌拍不響，喜歡爭執的人，必然有一個對手或環境。如果遇到這類人，就瞪大眼睛認真地聽，分析他的思維結構，然後說一句：「原來你這樣看問題呀，好好好。」爭論者在你這裡得不到想要的反應，他自己就停止了。

第三，喜歡爭執的人，多是想以這種方式獲得存在感。只有透過否定別人才能獲得存在感的人是可憐的，因為他們失去了用人生成就證明自我的機會。

最後就是，讓喜歡說的人多說，讓喜歡做的人多做。你會發現，他們最初否定你，只是為了爭取一個說話的機會。讓他們盡興地說下去，他們自己就會反過來認同你。一切爭執都是沒有意義的，任何時候，那些想贏的人都已經輸了。

日常生活，真的沒那麼多是非，對輸贏執著是生活沒有情趣、思想不成熟的表現。人活著，要為自己創造快樂，只有學會享受人生，不固執、不僵化、不呆板，讓自己的性格保持柔和及彈性，才能夠活出味道，活出價值來。

決不能讓笨蛋主宰我們的命運

01

許多人喜歡說「難得糊塗」，還有人喜歡把這句話寫成書法，掛在自家牆上。說這句話或是掛這幅字的人，無非是想說：「我太聰明了，這世間太混濁，容不得像我這樣的聰明人。我多希望自己糊塗點，安然度過人生……」實際上，說這話或是這樣想的人，有許多確是極有品位，但也有的可能不是難得糊塗，而是真糊塗。

我第一次見到將「難得糊塗」字畫掛在牆上的，是在一對夫妻家裡。是屬於上流社會的家庭，有地位、收入高，穿著也很體面，夫妻擁有相當不錯的人脈。

但有時候，人脈也幫不了你。丈夫有一天去了一場飯局，朋友喝多了，帶著醉意，故意搭訕旁邊的女客人，怎知那位女客人也是有靠山的，當場找來了幾個人，把丈夫這桌的人都揍了一頓，揍完全部被帶到警局了。

事情鬧大了，妻子一邊罵丈夫，一邊找人幫忙。豈料對方勢力極大，妻子這邊的人脈全然沒有效果，最後只能花錢和解。

02

我還聽過一個有點悲傷的故事，有一個男孩，他不能算糊塗，因為他交了一個很聰明的女友。可是沒有多久，男孩就感受到壓力，因為女友太聰明，見識處處比他高，讓他感到自己的智商明顯太低。

於是，男孩就疏遠了聰明女友，迅速找了個比自己知識水準略低一點的女孩。在新女友面前，他顯得既有見識又有擔當，實在是太有尊嚴了。於是，兩人陷入熱戀並結了婚。

結婚半年左右，男孩和妻子出門，妻子可能穿得太曝露，經過一群流氓旁時，那群痞子就故意大聲說了不入耳的下流話。男孩想拉妻子快點離開，可是妻子當時就發飆了，指著男孩破口大罵：「你還是不是男人？別人欺負你老婆，你當沒聽到嗎？要是這樣的話，以後還怎麼指望你……」男孩被罵急了，就衝上去和那群痞子理論，結果除了被拳打腳踢，甚至有人搬起石頭朝男孩腦袋砸下去，男孩就這樣被活活打死了。

跟我講這件事的人，就是男孩的前女友。她說，哪怕你再聰明，見識也是有限，一定要跟比自己有智慧的人走，這樣才會少犯錯誤，才能夠活得快樂，活得開心。被笨蛋牽著走，會被活活害死的！

03

人的見識，有一個門檻。過了這個門檻，就叫聰明智慧；沒過這個門檻，那就是一個很難說的中間狀態。居於明白與不明白中間的這個點，就是一個人是否意識到自己的無知。意識到自己的無知，就是聰明。這種人在自己陌生的領域會小心翼翼地觀察，不會固執己見、也比較不會犯錯，當然也沒必要感嘆人生「難得糊塗」。

相反的，意識不到自己無知的人，往往會自作聰明、自曝其短。由於他們缺乏自知之明，丟人現眼或遭到羞辱時，就只會仰天長嘆「舉世皆濁我獨清」和「難得糊塗」等等。

通常聰明的人都不會讓自己陷入蠢事之中；而愚蠢之人卻因為意識不到自己的愚蠢，

往往會做出極可怕的事情。

古人說，人往高處走。這個「高處」未必是指社會地位，而是指人的居處狀態，你得和水準高的人在一起，能夠提攜你的朋友交往，這樣才有益於自己。

所以，我們需要挑選出最適合我們，能夠引領我們、幫助我們、指導我們的朋友。

04

好的朋友，多半符合以下幾個條件：

一、待人寬容

好的朋友具有包容心，能夠原諒人性本身的汙質。但寬容也是有限度的，越是有包容心的朋友，就越要珍惜。一旦失去一個有包容心的朋友，就要反過來衡量自己做人是多麼失敗。

二、不小心眼

好的朋友不會選擇傷害別人，不會因為你好而眼紅嫉妒。可以說凡是會憎恨別人成就的人，都不適宜做朋友。如果你有這樣的朋友，那就要小心了。

三、有事業心

好的朋友有自己的人生目標，並堅定地往目標前進。如果你交了個志趣相投卻沒有半點事業心的朋友，那就要小心了，你很有可能漸漸地墮落，而一些有目標、有想法的朋友反而會疏遠你。

四、性格溫和、不偏激

好的朋友常保心態平和，對人對事都有自己的主見，不輕易隨波逐流，不會輕易被情緒所牽動。這類朋友是屬於有腦子的人，凡事多聽聽他們的建議，會有益處的。

五、不強加於人

好的朋友不會把自己的喜好強加於人，也不會強迫對方認同自己的觀點，更不會逼人表態反對或支持某個觀點。因為他知道，倔強和固執，是最不可取的。

人是很不爭氣的，好朋友其實幫不了你。許多事業有成的人，身邊都有一大堆不爭氣的小夥伴。雖然好朋友幫不了你多少，但一個蠢朋友、壞朋友，可能會使你的人生往下沉淪，甚至難以解脫。

決不能讓壞朋友主宰我們的命運。所以，我們應該試著在生活中尋找有價值的朋友。

當然，符合這些條件的朋友很難尋覓，但一旦找到，就可以將他們視為你人生及事業的重要夥伴，與他們相伴前行，人生才會順利。

別人是如何控制我們的？

01

德國有一位心理學家羅爾夫・多貝裡，他住在一幢大樓裡，同一層樓有間套房間出租，租給了五個年輕人，多貝裡每天都會在電梯裡遇到這幾個年輕人。當電梯裡只有一個年輕人時，多貝裡問：「你們五個人合租，垃圾都是誰來倒呢？」第一個年輕人回答：「是我，百分之八十的垃圾是我倒的。」第二個年輕人回答：「是我倒的，百分之六十都是我出來倒的。」第三個年輕人回答：「當然是我，全都是我倒的。」第四個年輕人回答：「都是我倒的，他們都很懶。」第五個年輕人，手裡正提著垃圾，聽到這個問題就大罵起來：「靠！全都是我一個人倒的，他們只負責製造垃圾！」多貝裡說，理論上他們五個人應該丟掉百分之百的垃圾，但統計數字表明，他們丟了百分之四百四十的垃圾。多出來的垃圾

是什麼？是每個人過高地評估自我的付出！

02

美國還有一個很有名的實驗，調查夫妻雙方，請受調查者為自己打分數：「你認為在目前的婚姻關係中，你的付出貢獻率是多少？」每個人的回答都不一樣，但都高過了百分之六十。平均下來，每個人都把自己的貢獻率高估了百分之五十。哪怕是個渣男，也認為自己的貢獻率超高，認為自己很重要，是不可或缺的。

這種現象，在心理學上叫自利偏誤，實際上這是一種心理錯覺，而且是極普遍的。法國人統計過，百分之八十四的法國男人聲稱自己是高於平均水準的好情人。但我們知道，只有一半的人會高出平均水準，而另一半的人是在平均水準之下。這就意味著，至少有百分之三十的法國男人對自己的評估過高。

同樣的，評估過高的還有智商，有調查顯示，多數人認為自己的智商在平均線之上。這意思是說，許多智商不及格的人，也堅信自己是屬於高智商的。

03

人類的天性會使我們過高地評估自我的價值、能力、智力與付出。

從學生時代開始，如果成績非常好，多數人就認為這真實地反映了自己的能力。反之，若成績有點糟糕，那就會認為是題目出得太難，或是老師評分不公正。

有些作家也有這個毛病，我的書賣得好，那是因為我寫得好，讀者都能夠認同。如果銷量太差，那一定是出版社編輯的問題，發行能力不好，不然就是讀者不懂我想表達的，或是競爭對手的手段太惡劣。

企業裡更是如此，部門的績效好，那是我身為管理者的努力與付出；如果績效差，那是公司不肯給我們足夠資源，部門間的鬥爭嚴重，或是員工的水準太低……

一旦對自我評價過高，麻煩就來了。

自我評價過高，是良好關係的殺手。曾有一個菜鳥作家，文筆一般，出了本小說，銷量極差。但他的編輯認為，這個作者只是眼界沒有打開，如果帶他去參加一些社交活動，可能有助於提升他的寫作水準。

於是，編輯就自己掏錢，帶著作者去認識一些很有成就的人士。第一次，作者的臉色就有點難看，編輯也粗心而沒注意到。等到第二次，作者就怒了，在網路發表文章，大罵這位編輯。

編輯很吃驚，因為他為作者付出了很多，自認為沒有挨罵的理由，但仔細想想，才意識到問題出在哪裡。編輯見多了各種作者，知道論名氣、文筆，這位作者都有極大的提升空間。但菜鳥作者本身並不這麼認為，作者認為自己是很有才華的作家，書沒賣好都要怪自己找錯了編輯，如果換個編輯，早就成為暢銷作家了。作者認為，編輯把自己的作品害成這樣，還不要臉地纏著他。兩人的關係，也就此玩完了。

人一旦把自己評價太高，第一步是心理不平衡，感到了強烈的委屈；第二步是扭曲現實，認為別人的友善不過是想佔自己的便宜。一旦委屈到了極限，憤怒到忍無可忍，就宣告了一段良好關係的終結。

04

人類是群居的動物，合作關係是人類存在的依據。一個拒絕付出的人，對任何人來說都沒有價值。所謂價值，是聯結人際關係之所在。別人從你這裡獲得多少益處，你就有多大價值。

一段社會關係，或一個社會成果，是由多位合作者共同貢獻組成的。自我貢獻評價過高的人，必然會貶損他人的努力。如前所述，同住一間公寓的室友，每個人都認為自己扔了百分之五十以上的垃圾，那就意味著，他認為別人加起來的貢獻都不如他一個人。

不明白這個道理的年輕人，初入社會時，會感覺相當痛苦。因為他會覺得自己的貢獻太大、所得太少，因此想法會走向極端，認為既然這個社會如此殘酷地剝奪我，那我乾脆不跟你玩了。

一旦被這種心理控制，就會心理失衡，那為什麼別人不承認你的付出？

第一個原因，別人不是不承認你的付出，實際上他們根本沒想到你，你是誰？你算哪根蔥？

此時的你可能正處於憤怒中，因為你過高地評估了自我的努力。但你的努力並沒有引起別人的高度關注，你不懂他們為什麼不承認你。

第二，生而為人，必有人的弱點與天性。人的天性是自我的，別人之所以不承認你，就是因為你對自己的付出評價太高了，嚴重背離了實際情況。你若知道這兩點，那就好解決了。

05

知道自己自我評價過高時，就要學會控制自己。知道別人自我評價過高時，就要學會理解別人。

第一步，當你感覺委屈時，感覺自己付出太多、獲得太少，因此而感覺委屈。這種情況下，你可以想想，若把你的付出與貢獻，從評估的項目中徹底抹去，該項目是不是就會不存在了？如果不會因此改變，那你就要重新審視一下，是不是太高估了自己的付出？

第二步，一旦你不高估自己，就不會產生委屈及憤怒的情緒，你的大腦就會比別人冷靜一點點。就這一點點，就足以讓你的大腦騰出空間來觀察別人，你會發現，身邊不乏感到怒氣或委屈的人。

第三步，給自己一個正確的評估值。你會發現，我們每個人或多或少都佔了便宜。當然，有人佔的便宜比較多，但這不是我們委屈或憤怒的理由。

第四步，低調，讓別人去發牢騷、表達憤怒吧。他們總以為這世界虧欠了他們，世界如此偉大，和世界相比，我們的貢獻是多麼渺小。沒有絲毫貢獻與努力，卻整天怨天尤人，在不理性的人面前，理性是強大的優勢。

第五步，保持理性、保持優勢。任何時候，你一旦陷入認知偏差，就失去了理性的優勢，有利於你的環境就會突變，生活也會變得處處不如意，變得艱難起來。

托爾斯泰說：「**幸福的家庭，都是相似的。幸福的人生，也是相似的。**」你不需要做出什麼驚天動地的偉大事業，不需要上刀山下火海，生活不是電視劇，沒有那些極端的劇情。人生就是平平淡淡的，只要你不被人性的偏差弱點引誘，少犯錯誤就會贏得一個平淡且幸福的未來。

認真你就輸了

01

有些事你覺得是對的，那只是你覺得。你覺得有道理的事，也不代表一定是對的。你覺得合情合理的事，其實可能只是一個善良的願望。

有一次和朋友吃飯時，朋友告訴我一個故事。他年輕時一無所有，喜歡上一個善良甜美的女孩。當時還有個強勁的競爭對手，是個富二代。有一天，我鼓足勇氣去找女孩，恰好遇到富二代開著進口跑車來了。女孩是要跟我出去，還是上富二代的跑車？女孩面臨著重大的人生選擇。

當時女孩說：「沒錢沒關係，重要的是你要有一顆上進的心，你只要……」講到「你只要」三個字，朋友就不講了，低頭開始吃飯。我們當然要追問：「你只要什麼？」他回答說：「車開得太快，我沒聽清楚……」唉！大家很想笑，卻又忍不住嘆氣。

大家內心多少都真切希望著，希望這個女孩會放棄物質需求，願意跟著平凡男孩打拚、犧牲，美麗的愛情故事都是這樣的，但現實偏偏和我們的願望唱反調。這只能說明，有些你所謂的道理，不過是你的願望。人類就是這樣一個奇怪的物種，把自己的願望偽裝成「道理」，但願望與現實有著天壤之別。

02

願望是主觀的，道理是客觀的。主觀的願望就是不理會現實，生活經驗不足的年輕人，多少有一些這樣的「道理」。客觀的道理以雙方為中心，不是語言話術，而是一個雙方都能夠接受的規則。

道理是一種人際法則，能夠讓你建立起良好的人際關係。願望不過是內心的渴望，但社會是否接受，不是取決於你。所有的道理，都有一個適用邊界。如果道理只適用於你自己，那麼這個道理百分之百只是願望的偽裝。

必須找到適用於更多人的道理，讓每個人於其中看到自己的機會，這才是真正的道理。

對年輕人來說，堅持自己的觀念固然有其道理，但意識到自己思想的侷限才是真正的智慧。

CHAPTER 3　洞悉人性

別讓傷害你的人，決定你的價值

01

以前，在美國威斯康辛州拉克羅斯市，一位電視台的女主播詹妮弗·利文斯頓，突然間爆紅，因為有位觀眾寫郵件給詹妮弗，嫌詹妮弗太胖了，作為一名女主播，如此肥胖有違社會責任，諸如此類的話語。但詹妮弗認為，這個要求是惡毒的，她不能接受。

她對這封郵件的回覆如下：

我想花幾分鐘談談，這星期我為何成為眾人討論的話題，尤其是在臉書上，我忽然成了眾人的焦點。上星期五，我收到一封標題為「社會責任」的來信，內容是這樣的：「詹妮弗，你好，我不常看你的節目，但我今天看了一小段，我感到很驚訝，這幾年你的體形完全沒有改變，很明顯，你不把自己當成時下的年輕人，尤其是女孩子的榜樣。任何人都不該放任自己肥胖，何況肥胖還會嚴重影響健康。希望我的一番話能讓你反思自己身為公眾人物的責任，你應該帶頭提倡健康的生活方式。」

身為媒體人的我們，時常受到觀眾的指教與批評，我們也知道這種事在所難免，但這封信實在是有點過分了。對於這種關於身材的玩笑，我原本想一笑置之，但我的同事無法做到，尤其是我先生邁克．湯普森，他是我們電視台六點到八點的主播。麥克把這封信貼在他的官方臉書上，結果呢？很多人受到啟發，數以千計的留言不但安慰了我，也告訴大家，這樣傷害他人是不對的。

請再給我幾分鐘，沒錯，我是超重了，你可以說我胖，也可以用醫生慣用的「過度肥胖」來形容我，但寫這封信的人，你以為我不知道自己的身材怎樣嗎？你以為我需要你那幾句刻薄的話來指出這件事嗎？

你不認識我，也不是我的朋友，更不是我的家人，你自己也說你不常看我的節目，除了外表你對我一無所知，不要只把我看作一個穿大尺碼衣服的人。借此機會，我想告訴大家一件事，可能有人還不知道，十月是全國「反霸凌宣傳月」，霸凌現象在校園及網路上越來越嚴重，這是當下年輕人很容易面臨到的問題。身為三個小女孩的母親，我感到非常

02

憂心。總之，那位先生說的話對我來說一點意義也沒有……

我真正在意的是，有些容易受到他人的言語影響的孩子，每天都會收到和這封信一樣甚至更惡毒的批評。網路變成武器，學校成了戰場，因為社會上存在著像寫這封信給我的人，所以小孩子會跟著有樣學樣。如果你也在家裡談論那個胖子女主播，你知道嗎？你的孩子也很有可能去學校罵別人是胖子。我們必須教孩子如何以善待人，而不是傷害別人，我們得以身作則。

過去四天裡，很多人挺身而出替我說話，你們的一字一句都深深地感動了我。一路上的同事與朋友，我的家人、我最親愛的丈夫，還有些我可能無緣見到的人，非常感謝你們的支持。對於這種惡霸，他們惡毒的信不足以影響我們，他們無法擊倒我們，因為我們更強大。

最後，我想對感到徬徨的孩子說：「不管你為體重、膚色、你的性取向或者生理缺陷，甚至為臉上的痘痘所苦，聽我說，別讓傷害你的人決定你的價值，希望你們從我的經歷中學到，跟眾人的鼓勵比起來，他人無情的言語攻擊不必放在心上。」

對他人的身體特徵或是身材妄加批評，這種事別說是在美國，即使是在台灣也是不可原諒的冒犯。

但並不是每個受到冒犯的人都有勇氣反擊，這取決於環境的氛圍，取決於反對羞辱或傷害意識的強烈程度。

曾有位母親撰文，抨擊現在不斷發生的羞辱文化。羞辱文化是當你面臨問題時，評論者不是針對社會問題發表觀感，而是轉向對你人身攻擊的現象。

比如說，這位母親的孩子在英語世界裡大方而自信，而在中文環境下，就變成了一個有些膽怯的孩子。於是就會有人說：「誰叫你的孩子不好好學中文？如果挑好的學校來學習就會不一樣，某個老師教出來的學生，個個都是高才生。所以為了孩子好……」批評別的父母教育方式有問題，這也是一種羞辱。

還有個朋友在網上撰文，說她小時候被同班的大塊頭同學欺負，她哭著告訴老師，老師卻冷冰冰地回她一句話：「他怎麼不欺負別人？還是你自己也有問題？」是你自己有問題！這種羞辱更傷人。

03

在這種氛圍中長大的孩子，他們會怎樣看待這個世界？怎樣看待他們身邊的人呢？於羞辱氛圍中長大的人，當他們打開電視，是傾聽節目評述、關注焦點，還是兩眼死盯著主播的身材，隨時準備寫信羞辱別人，甚至還自我感覺良好，認為自己正義感爆棚？在一個缺乏足夠的同情心、同理心的社會裡，人際關係會變得異常艱澀。人們習慣於相互羞辱，學習各種羞辱方式，發明大量的羞辱用語。網路上充斥著這類批評，甚至咒罵，相信許多人都曾親身經歷。

女主播的身材到底有多重要？主播是一個面對公眾的職業，起碼的儀態規範是必要的，但觀眾打開電視，多數人要聽的是她的專業觀點和報導。

有多少國家的女主播很難鼓起勇氣，對抗這類不理性的羞辱文化。我們應該做點什麼，像詹妮弗那樣勇敢地站出來，對羞辱者說一句：「你這樣無視他人的尊嚴，隨易用言論傷害他人是不對的。」別再讓傷害你的人決定你的價值！也別讓他們的殘暴左右我們周邊的世界。

別再對人說：「你是玻璃心，你很沒用。」玻璃心有什麼錯？或許他本是敏感型的人，又或是他正在成長中。誰沒有玻璃心的時候？強大固然是我們努力的方向，但對他人脆弱心理的踐踏絕非強大，而是暴力、蠻橫。

別再對他人品頭論足，更勿取笑他人的生理特徵。小時候，我們還稚嫩，以為外表就是一切，但我們已長大成人了，就應該知道與人交往應關注對方的內在。

別再輕言自己是善良的。善良，始終是我們企望難及的崇高智慧。生活在羞辱文化的氛圍中，你或者我，都曾有意無意地傷害過別人。至少要保持對他人的尊重，對脆弱人性的呵護和包容。這個社會還不完美，還有許多被霸凌而不敢反抗的孩子，他們也許正在努力守護自己，請對他們好一點，不要視若無睹，喪失了最基本的辨識能力。

誰的人生不委屈？

01

以前，美國有家電視台播出了一個很轟動的節目。主持人在做簡短介紹後，請一位極有聲望的心靈導師出場。導師向觀眾展示一個有許多小抽屜的木箱，然後，導師把木箱留給主持人，轉過身背對觀眾。他要表演的是『透視你的想法！』願意接受心靈導師諮詢的觀眾請舉手，主持人隨機選人。第一個上來的是位家庭主婦，心靈導師並沒有回頭，略微沉思了一下，開口說：「請主持人拉開木箱上標號為六的小抽屜，取出裡面的信封，交給這位觀眾。」主持人打開六號抽屜，把信封遞給上台的婦人，婦人質疑地打開信封，看了一眼裡面的信，頓時瞪大了眼睛，然後她淚如雨下，失態地哭泣起來。

過了幾分鐘後，她才泣不成聲地說：「導師，你看到了我的內心，看到了我這些年來的辛酸。你一定是上帝派來的，我的心事從未對任何人說過，可是你早已寫好，放在抽屜裡等待我。從現在起，我可能對上帝不夠恭敬，但絕對追隨你。」

心靈導師對觀眾的反應視若尋常，接著請下一位工程師觀眾上台，心靈導師仍沒有回頭，思考片刻後說：「請打開編號為十二的小抽屜，取出裡面的信封，把信件交給這位觀眾。」工程師接過信封，取出來看了一眼，頓時驚呼起來：「我的天啊，這簡直太神了！我心中最隱祕的事情，從未告訴過任何人，可是你竟然會知道，在我上台之前就知道。如果不是親眼看見，我是不會相信的。」心靈導師依舊無動於衷：「下一位。」第三個上台的是位小學教師，心靈導師仍吩咐主持人，打開標號為七的小抽屜。主持人取出裡面的信封，遞給小學老師。教師打開信，看了一眼，也驚呼起來：「不可思議，你如果不是上帝本尊，那就是魔鬼現身。你在我出現之前就預知了我從未對人說過的心事，這是不可能的，卻是我親眼見到的。」

這不可思議的表演讓台下的觀眾驚訝不停，紛紛舉手要求上台。但無論誰上來，小木箱中必有一封寫給他的信，看到這封信的人有的失聲尖叫，有的失態地哭泣。這位心靈導師，他知道每個人的心事，而且，在見到這些人之前，他就已經把每個人的心事寫好，封存在木箱的抽屜裡，真是太神奇了。主持人和每個上台的觀眾，與這位心靈導師都是生平第一次見面，而他竟然能預知別人藏在心底的祕密，這只能用神跡來解釋。

對此，觀眾們深信不疑。然後，主持人宣佈：節目正式開始。什麼？前面的神跡展示還不算正式節目嗎？

02

主持人請所有拿到信封的觀眾上台，先請第一位觀眾——泣不成聲的家庭主婦，取出她的信，念給大家聽。家庭主婦拿出信紙，邊拭淚邊念：「你不是沒有考慮過擺脫眼前的一切，但你狠不下心來。善良已經成為你的弱點，讓你屢遭欺騙。你知道這對你來說太不公平，但是為了你所愛的家人，你選擇了隱忍。但你越來越失望，他們已經習慣於把你的包容視為理所當然，改變現況的過程有可能帶來任何傷害，是你無法接受的。太多的委屈與無奈，你一直默默地承受至今。」

家庭主婦念完，主持人請第二位觀眾——工程師，念出他的信。工程師念信之前，看了家庭主婦好一會兒，才吞吞吐吐地念起來。他一開口，台下的觀眾頓時騷動起來。他念的竟然和家庭主婦的一模一樣，每個字都一樣。輪到第三位觀眾——小學教師念他的信，他念的時候，觀眾再度騷動。小學教師的信，居然也跟家庭主婦、工程師的信一模一樣。每個觀眾念出來的都是同一封信，原來，在心靈導師的箱子裡，每個抽屜裡的信都是一樣的，每個上台的觀眾拿到的都是同一封信。

03

但為什麼拿到信的觀眾有的哭、有的笑呢？這時候，主持人才說出真相。這位所謂的心靈導師，研究的根本不是什麼心靈學，他只是一位心理學家，他在研究人類社會共同的情緒與情感。上台的每位觀眾拿到的信都一樣，可是每個人都聲稱，這封信說出了自己內心深處從未對別人說過的心事，因為這封信表達了現代人共有的情緒與情感。

這封信所表達的，是現代人都有的心態。多數人都認為自己是善良的，並因為太善良了而屢屢吃虧受騙。多數人都認為自己遭受了不公正，甚至極不公平的對待，多數人都認為自己應該得到更多。大部份的人都認為自己為了家庭、朋友，付出了極大代價。總之，心理學家精心寫出來的這封信，是現代人共有的情緒。

這個節目的真相讓參加的觀眾大失所望。他們都以為自己是獨一無二的，現在才發現，

他們的想法和別人毫無區別，這真是太令人沮喪了。

04

前述的這個節目，實際上是前幾年「特異功能」話題當紅時，心理學家和電視台合作製作了這個節目，也是要戳破那些「特異功能大師」的心理幻想。

但這個節目確實也揭穿了現代人共同的情緒——委屈！每個人都活得備感委屈。委屈，是認為自己太善良，卻沒有獲得回報。委屈，是認為自己做了太多的犧牲，但這些付出統統被無視了。委屈，是認為自己有多次可以報復他人的機會，都被自己的善良勸退而放棄，但是，最後受傷的還是自己。

許多人背負這種委屈心結，但是，心理學家透過這個實驗，已經明白告訴你，為什麼現代人普遍感覺到委屈呢？雖然有時候是真的委屈，這種真實的委屈也分大小，有的人遭遇到很嚴重的不公正對待，又或是遭遇到令人髮指的權力傷害。但是，大部分遭受委屈的人並不會流露出委屈情緒。當不公正感過於強烈時，個人的委屈就不算什麼了。相反，一些人遇到一點點委屈時，卻流露出滿腹的抱怨，認為自己吃虧大了。後面這類人，是自己的思維方式有問題。

05

每個人的區別不大，智商相差無幾，但每個人的思維方式完全不同。至少可分成兩種思維，分別為進取者與委屈者、抱怨者。

進取者，他們有自己的人生目標，認為要達成個人的目標，就必須從現實生活中一步步地前進。

委屈者，他們也有自己的人生目標，但他們不認同現實生活的一切，他們把生活中的常態視為對自己的迫害。在這類人的心裡，別人的存在是對他們的迫害，工作生活是對他們的迫害。總之，這個世界上一切的存在，都讓他們超級不爽，看什麼都不順眼。

具體來說，面對工作的問題時，進取者會很亢奮，因為這是他展露本事的時候，他就是靠自己的能力來和這個社會交換，來獲得生存資源。而對於委屈者來說，這一切都是對他的傷害，是別人故意為難他、陷害他。

比如，在追求異性這方面，委屈者會問：「為什麼我都遇不到好的對象？我有這麼差嗎？」進取者則會問：「我要怎麼做，才能夠成為別人眼中的好對象？」找工作時，委屈者會問：「為什麼我會找不到工作？」進取者會問：「我要如何做，才能讓老闆們願意花錢請我？」

雙方對問題的定義不同，看待工作生活的態度不同。你接受現實，就會心態平和；你不接受，自然就備感委屈。

06

由此，從這個實驗中，我們獲得了幾個有益於我們的觀點：第一，接受現實生活，認可現實的不完美性。正是因為現實的不完美，你的存在才有價值。若是生存在一個完美的世界，那麼絕對會排除許多不完美的人。

第二，接受人性的不完美。這世上沒有什麼天生的善良，你做了善良的事，才勉強算是個做善事的人。人性有光明也有黑暗，只有隨時保持警覺心，才能避免淪為壞人。

第三，這世上委屈的人比比皆是，真的不差你一個。看看外面，這麼廣大的空間和環境，你的貢獻率有多大？無論怎麼比較，我們都是佔便宜的人。千萬別成為佔便宜還嫌吃虧的人，那絕不是受歡迎的類型。

最後一點，如果你願意，不妨觀察一下自己的思維，不要把現實存在的機會當成你人生的障礙。有成就的人，和我們面對的是同一個現實世界，他們看到的是機會，但有的人看到的卻是障礙。這種思維的差別，將彼此的人生拉開了距離。你希望成為哪種類型的人，就需要獲得那種類型的思維方式。當你意識到思維需要改善，就意味著你有全新的機會。

01 輸不起，你就死定了

人類是群居物種，但同時又具有把合作關係搞砸的本領。為了測試這個本領究竟有多大，某個地方的學者做了個暗黑實驗，測試人與人之間的合作會搞砸的點在哪裡。首先是兩名實驗者上場，甲和乙。實驗組給甲一百美金，乙則是沒有半毛錢。甲必須把一百美金分一些給乙，給多少由甲自行決定。如果乙對所獲得的饋贈感覺不公平，可以拒絕。一旦乙拒絕甲的分配，實驗組將收回一百美金，甲和乙半毛也得不到。

理論上來說，甲無論給乙多少，乙都應該明智地接受。因為他一旦拒絕，兩人就會統統賠光、兩敗俱傷。但實驗的結果大大出人意料，很多情況下，乙的選擇明顯不理性，一旦他認為甲給的太少，寧肯讓自己一無所獲，也不想讓甲拿到錢。據統計，一旦乙得到的不足甲的三分之一，合作就會失敗，乙的計算是以我的損失換你三倍的代價，就值得了！依據此研究，可以計算出合作的失敗點與分配不公關係不大，但當這種不公形成三倍壓力差時，當事人就會毅然決然地破壞關係，不玩了。

02

之前我去上海出差時，客戶公司的經理人，是從深圳的某企業挖角來的，老闆給了他很高的年薪，期待這位專業經理人能帶大家殺出一條血路來。

企業給這位經理人的薪資太高，高出原來的主管兩倍以上。老主管怒不可遏，就故意陷害經理人，搞得公司裡氣氛很差，新舊兩派水火不容。人們一旦感覺到不公平，感覺到自己受了莫大的委屈，就會不計後果地報復。

公平是相對的，更多的時候是一種心態。如果你做個實驗，讓三個人負責一項共同的工作，而後請他們自己給自己打分數，看自己的貢獻率有多少，結果保證讓你大吃一驚。三個人自我評分後，都會認為自己的貢獻率不低於百分之七十。

這是因為，每個人都特別重視自己的付出，高估自己的貢獻。這就是職場上充滿壓力與怨氣的原因之一。你的自我評估與別人對你的評估，有著巨大的落差。不正視這個落差，你的心態一定不會平衡。

03

世界上，不公平的事太多，但心態上的不平衡也佔了相當大的比例。正如我們本文開頭提到的那個實驗，如果讓實驗中的甲退場，由一台電腦取代甲，隨機地給乙發現金，仍然是同樣的規則，如果乙感覺不公平，人與機器的合作隨即破裂。但與電腦合作時，乙會突然變成超級理性的人，無論電腦分給他多少錢，他都會欣然接受，絕不會拒絕。

這個實驗證明，許多情況下的不公平，只是針對人、針對他人。人類的天性是喜歡與人競爭的，必須擺脫競爭之心，一次的利益分配不公平，還有下一場。怕就怕輸不起，非要在這一場較勁。

心態平和的人，不會故意高估自己的貢獻值，也不會低估他人的存在價值。這種心態上的均衡，讓我們的認知更接近於客觀。除非我們尊重自己的人格，尊重他人的付出，否則不會獲得平和心。

一切公平都是相對的，哪怕是上帝、佛祖，也無法算清楚一個人在這世界上的付出與努力有多少。我們需要的只是一種差不多的感覺，別忘了自己也有比預期獲得稍微多那麼一點的時候，這樣就不會再憤憤不平、滿腔怨氣了。

我們的人生不是今日關帳就結束了，有更漫長的道路要走，未來不會因你今日的委屈而網開一面，仍然是一如既往地需要你從零開始的保持平和心。

人生是不講道理的，哪怕你多麼善良無辜，比小白兔還要善良，也難免會遭遇到一次不公平。公平的人生建立在悠長的時間線上，要輸得起，輸得起的人，才會有一個相對公平的未來。輸不起的人，急於搞砸離場，在這種情況下，你才是真的輸了。

世界上唯一的公平

01

丹麥有個『葉特爾法則』很有名，『葉特爾法則』是丹麥人的靈魂，是北歐人崇尚的一種不成文的平等理念，任何情況下他們都不會自稱自己比別人好，比別人聰明或者是富有，在丹麥人們非常討厭別人的傲慢或者自大，『葉特爾法則』讓丹麥人生活得舒服自在。

丹麥民族的平等絕不僅僅只在皇室與人民之間的平等，丹麥是一個貧富差距很小的國家，社會福利很好，這都歸功於那個不成文的平等理念。

丹麥的政府一直在致力於縮小社會之間的貧富差距，而他們最常用稅收來進行調節，在丹麥最高的稅收甚至高達百分之七十，這個額度之高是很難想像的，且有點不近人情的感覺。就以丹麥的房地產為例，私人所擁有的房地產必須要繳納房產稅以及地價稅，那麼就意味著你的房子越多，你需要繳納的稅就越多。

在丹麥，無論你是多麼有成就，是多麼偉大的企業老闆，永遠都是自己為自己倒茶等等。在丹麥，一個老闆讓他的秘書為他端茶倒水，最有可能導致的一個結果就是秘書會直接辭職走人。

02

在台灣，你可以遵循『葉特爾法則』來待人處事，但別人未必會如此。那些不接受平等心態的人，相對會活得相當痛苦。他們可能自認為比你高一等，缺乏平等意識的人，不承認努力的價值。所以，當你表現得優秀，又或是得到了他們意想不到的成就時，會對他們脆弱的玻璃心造成殘忍的傷害。

如果有人不公正地對待你，可能只是他心裡積怨太多。你要學會分辨對方的心理情緒，聰明的人不和對方的情緒賭氣，這些都是沒有意義的事。若你被憤怒所控制，可能會淪為他人不良情緒的殉葬品。

最後，這個世界，從古到今都是講道理的。但是，道理的講法與你想像的不一樣。公平不是在超市販售的玩具，父母沒辦法買來送你，如果有一天，你的努力付出而獲得了公正對待，保證會聽到有人在背後抱怨，說這事太不公平了。對你的公正有可能意味著對別人的不公正，有一千個人，就有一萬種公正。對你而言，唯一的公正就是努力付出與收獲相等，並且有智慧地生存。**你只為自己的人生負責，不用和別人賭氣，這就是你最大的公正。**

CHAPTER 3　洞悉人性

Orange Life 26

只有挫敗者，才總覺得別人刺眼！

一人生不是「努力」而已，透過「選擇」讓自己更有價值

作者 霧滿攔江

出版發行
橙實文化有限公司 CHENG SHI Publishing Co., Ltd
粉絲團 https://www.facebook.com/OrangeStylish/
MAIL: orangestylish@gmail.com

作　　者　霧滿攔江
總 編 輯　于筱芬 CAROL YU, Editor-in-Chief
副總編輯　謝穎昇 EASON HSIEH, Deputy Editor-in-Chief
業務經理　陳順龍 SHUNLONG CHEN, Sales Manager
美術設計　點點設計 Yang Yaping
製版／印刷／裝訂　皇甫彩藝印刷股份有限公司

原書名：《人生心法》
作 者：霧滿攔江
“本書繁體版由四川一覽文化傳播廣告有限公司代理，
經中南博集天卷文化傳媒有限公司授權橙實文化有限公司出版”

編輯中心
ADD ／桃園市中壢區永昌路 147 號 2 樓
2F., No.382-5, Sec. 4, Linghang N. Rd., Dayuan Dist., Taoyuan City 337, Taiwan (R.O.C.)
TEL ／（886）3-381-1618 FAX ／（886）3-381-1620
MAIL: orangestylish@gmail.com
粉絲團 https://www.facebook.com/OrangeStylish/

全球總經銷
聯合發行股份有限公司
ADD ／新北市新店區寶橋路 235 巷弄 6 弄 6 號 2 樓
TEL ／（886）2-2917-8022　FAX ／（886）2-2915-8614

初版日期 2023 年 4 月